会社員を2度クビになった発達障害の僕が、月100万円を稼げるようになった方法

坂口康司

朝日新聞出版

プロローグ

発達障害の僕にとって、無理なものは無理だった

発達障害を抱える私の人生が変わった瞬間があります。

それは、精神科のクリニックで、発達障害だと診断されて、「発達障害なので、無理なものは無理なのだ」と気づいた時でした。

診断してくれた先生の顔は忘れてしまいましたが、発達障害なのか確認するためのテストをした後に「あなたは話し方的にそうだと思っていましたが、やっぱりアスペルガー（症候群）みたいですね。あとＡＤＨＤも少しあるみたいです」と言われた時の光景を今でもハッキリと覚えています。

アスペルガー症候群とは、対人関係が苦手で強いこだわりを持つなどの特徴があるとされる発達障害で、最近では「ＡＳＤ（自閉スペクトラム症）」と呼ばれることが多いです。一方、ＡＤＨＤは、日本語では「注意欠如・多動性障害」と呼ばれます。

発達障害だと診断されるまでは、会社で全く活躍できないだけでなく、毎日、毎時間の

ように厳しい上司から強い口調で怒られてばかりでした。

仕事がうまくいかないのは、自分の能力や努力の不足が原因だと考え、自分のことを責めてばかりいました。

会社に貢献できていないため、「そのうちクビになってしまうのではないか」と不安に思っていました。

新卒で入社してから2年以上経っているのに、新しいスキルを全く習得できておらず、「クビになったら再就職できなくて、一生バイト生活で経済的に不安定な人生になってしまうのでは」と将来に希望を見出せなくて、先の見えないトンネルを走り続けているような絶望的な毎日でした。


しかし、発達障害だと診断されたことで、次のように思うことができました。


「仕事がうまくいかないのは、たしかに自分の能力や努力の不足という可能性があるものの、発達障害が理由である」

「そうなると、そこまで自分を責めすぎなくても良い」

「むしろ発達障害について理解を深めて弱点を補強したり、強みを伸ばしたりすることで、自分のできることを増やせるのではないか？」

その後、すぐにうまくいったと言いたいところですが、新卒で入社した会社では、仕事を任せてもらえず、社内失業のようになってしまい、会社で居場所がなくなり、辞めることになりました。

その次に入社した会社でも同じような状況に陥り、どちらもクビのような形で辞めることになってしまいました。

2社ともクビのような形で辞めていますが、「自分が決裁者となり、忖度《そんたく》せず、自分が正しいと思った方法で動ければもっとパフォーマンスを発揮できるのに！」と感じていました。そして、**私にとって会社員として働くのは向いていないと思いましたので、転職という道を捨てて、「ひとり社長」として働くことに決めました。**社員を雇わず、社長一人だけの会社を経営するというスタイルです。

職場の人間関係が不得意なのが原因で最終的にクビになっていますので、この選択が最も良いと判断しました。

結果として、その判断は正解でした。

会社を2度もクビになっているのは、発達障害なのが原因です。

発達障害について勉強して、自分の特性を深く理解して、自分に合った方法で弱点の補強をしたり、長所を伸ばしたりすることで、「ひとり社長」として月に100万円を稼げるようになりました。

それだけではなく、自分なりのやり方を突き詰めることで、コミュニケーション能力を高めることもできましたので、会社員の時は一人ぼっちでしたが、今は友達や私に敬意を払ってお仕事を任せてくださるステキなお客様、いつも応援してくださる方々に囲まれて、仕事だけでなくプライベートも幸せに暮らしています。

また、最近は2社目の会社を立ち上げて、月に100万円を稼ぐひとり社長という範《はん》疇《ちゅう》を超えて、年に数億円の売上を目指す経営者となることができました。その会社では複数人を雇用しています。多くの方の力を借りて、一人ではなし得ない規模感でビジネスを行っています。

こうなれたのも、ひとり社長として、目の前の仕事を誠実に一生懸命に取り組むことで、実績や人とのつながり、手元の資金を増やすことができたからです。

私はそこまで地頭が良いわけでもありませんし、偏差値が高い大学を卒業しているわけでもありません。そして、会社員を２度もクビになりました。

私自身、発達障害だからこその苦労は数え切れないほど経験してきました。しかし、今は会社員の平均給与の３倍以上を月に稼いでいます。

会社員の時や会社をクビになった時は、自分は月に１００万円を稼げるようになるとは全く思っていませんでしたし、むしろそこまで稼ぎたいという発想さえありませんでした。そして、月に１００万円を稼げるようになってからも、年間に数億円の売上が出る事業を始められるとは、全く考えていませんでした。

ですから、過去の私と同じように発達障害なのが理由で、会社でうまくいかず、困っていたり、もしくは絶望の淵に立っていたりする人でも、工夫次第で今より良い生活を送れる可能性はあります。むしろ、月の収入だけを見ると、平均的な会社員より多く稼げるかもしれません。

現在に至るまでに、私が実践して効果があったこと、実践しなかったものの絶対にやった方が良いことなど、たくさんあります。

まず、発達障害だからこその天職を見つけるための手がかりをご紹介します。たとえ専門性がなかったとしても大丈夫です。過去の私がそうでした。

最初は副業的に始めることをオススメします。その後、実績がたまり、実績を活用することで次の仕事を獲得するという好循環を作ることができるようになったら、独立して、ひとり社長となる選択肢が見えてきます。

安定的に仕事を獲得するための方法や、成功を長続きさせるために必要な考え方などもご紹介します。

私が発達障害と診断を受けてから、発達障害について書かれた書籍やネット記事を多く見て、大いに違和感を覚えたことがあります。

それは、発達障害の人向けの処世術として、職場で上司や同僚に配慮してもらうことで、人並みの働きをできるようになると書かれていることです。

今になって振り返ってみると、他人から配慮をしてもらわないと、人並みの働きをできないというのは間違いです。

配慮してもらうことで、働きやすくなり、成果を出しやすくなるのは間違いないでしょう。しかし私は、ひとり社長となることで、会社員の時よりも成果を出しやすくなり、収入的にも精神的にも恵まれた環境を手に入れることができました。

発達障害であっても、周りからの特別な配慮なしでも、自分の力でより良い生活を勝ち取れるのです。

しかも、スーパーエリートとかではなく、会社員を2回もクビになっている私のような人間でも、それが実現できています。


今は、会社から独立することや、ひとり社長になることは全く想像もつかないかもしれませんが、発達障害を抱える人でも社会で活躍できます。私の周りにいる経営者の中にも、発達障害の方はたくさんいます。

過去の私は、発達障害として産まれたことを恨めしく思ったり、発達障害が原因で悔しい思いをしたりして、枕を涙で濡《ぬ》らした夜は数え切れないほどありました。でも今は、私自身、恨めしく思っていた「発達障害」を「強み」だと思えるようになれています。

むしろ、今となっては、発達障害だからこそ、社会の中で活躍できているのではないかとさえ感じています。私にとって発達障害は先天的な特性であって、「障害」ではありません。決してハンディキャップではなく、使い方次第では、「発達障害」は強みになりえます。

発達障害を抱えて産まれて来た以上、これから死ぬまで、発達障害と向き合って生きていかなければなりません。だからこそ、発達障害を「強み」と思いながらポジティブに生きられる方が増えてほしいという思いで、本書を書きました。

これから、発達障害であっても自分の力でより良い生活を送れるという希望と、それを実現する方法論をお届けします。本書が、発達障害で悩み苦しまれている方々が今以上の活躍を手にする一助となれば幸いです。

会社員を2度クビになった発達障害の僕が、月100万円を稼げるようになった方法

目次

第2章 副業から始めて独立するまでの具体的なロードマップ

第3章

クチベタ・コミュ障による営業しない仕事獲得術

第4章

コミュ障でもできるビジネスチャット活用術

第5章

コミュ障から脱却する発達障害流生存戦略

装丁　萩原弦一郎（256）　本文デザイン　秋澤祐磨（朝日新聞メディアプロダクション）

第1章

発達障害だからこそ、僕はひとり社長で生きていく

凸凹の多い発達障害の人には、「ひとり社長」の方が向いている

プロローグでも触れた通り、私は会社員を2度もクビになりました。

一般的に、会社をクビになることはそう度々あることではないにもかかわらず、それを2度も繰り返しているのは、めずらしい経験と言えるかもしれません。

この2度の経験から、私には会社員として働くことが向いていないと痛感し、会社員以外の働き方を模索しなくては、と思い、ひとり社長としての道を志しました。

会社の庇護《ひご》の下から外れて、社会の荒波の中、自分一人の力で生きるようになって、結果的に、仕事を円滑に進めるためのコミュニケーション術などを身につけられましたので、今であれば会社員としてある程度の活躍をすることもできるかもしれません。

しかし、今さら会社員に戻りたいとは思いませんし、発達障害のある自分が力を最大限発揮できるのは、ひとり社長という働き方だと考えています。

これから、ひとり社長として働くことが発達障害の人に向いている理由を挙げていきますので、ご自身の適性をイメージしながら読み進めてみてください。

ただし、ここでご注意いただきたいのが、あくまでも会社員とひとり社長とを比べると、ひとり社長の方が向いているということであって、工夫さえすれば会社員としても活躍できるということです。会社員の方でも実践していただける仕事術やコミュニケーション術なども本書には盛り込んでありますので、ご参照ください。

理由1――ひとり社長なら、自由なライフスタイルで働ける

発達障害は、先天的にできることとできないことの差が激しいです。

例えば、私は何か特定の作業にのめり込んで、24時間中18時間くらいぶっ続けでやり切ることができます。

その一方で、ADHDの私は気が散りやすいです。知り合いがいる環境ですと、知り合いに気が向いてしまい、全く集中できません。

会社勤めをしていた時は、同じフロア内に、知っている人たちが多くいて、動いたり会

話をしたりしていました。急に大きな音で電話が鳴ったり、誰かが自分の後ろを歩いたりもします。なので、**会社のオフィスで集中して働くことが極めて困難でした。**

しかし、会社勤めをする場合は、他の人が多く働いていたり、ルールや伝統などもありますので、あなただけに配慮して、あなたにとって最適な労働環境や働き方にすることは難しいと思います。

その点、**ひとり社長であれば、あなたが決裁者ですので、全てあなたの自由です。**カフェで働くのも良いですし、始業時間はお昼の12時からでも、ランチ後に1時間のお昼寝休憩を設けても良いのです。

ひとり社長になった私は、視覚と聴覚への刺激が多すぎると集中できないので、大きなパーテーションで視覚情報を減らすことができ、聴覚情報を減らすためにイヤホンをつけて働いてOKなコワーキングスペースを仕事場として選択しました。

そうしたら、目の前の仕事に集中できるようになりましたので、これだけでもだいぶ仕事のパフォーマンスが高まりました。

しかも、それだけでなく、副次的な効果もありました。

例えば、仕事中にアスペルガー症候群の特徴でもある「過集中」（過度に集中した状態）に入ってしまい、2時間ほどのめり込んで何かの仕事に取り組み、その後は体力を使い切って、何かをする元気がなくなってしまうことが多々あります。

今はそんな時は、スマホのゲームをしたり、昼寝をしたり、SNSを流し見するなどして30分〜1時間くらい、仕事をしない時間を作ってリフレッシュしています。

このような行為は「サボり」と思われかねない行動でしたので、会社勤めの時は絶対にできませんでした。しかし、ひとり社長だからこそ、できています。

他にも私は朝が苦手で、睡眠時間が足りていないと、注意力や記憶力がさらに低下してしまいます。

その対策として、打ち合わせなどの予定がない時は、目覚ましをかけず十分な睡眠を取ってから、仕事場に行くようにしています。

その結果、普段の頭の回転、記憶力、社交性がだいぶ高まったと感じています。

働き方が自由になったことで得られたメリットを挙げたらキリがありませんが、このように、発達障害は凸凹が多いものの、ひとり社長になれば、自分の特性にあったライフスタイルで働けるようになって、それだけでも仕事の質を高めることができます。

理由2 ひとり社長なら、人付き合いのストレスが少ない

会社勤めをしていた時に、一番苦労したのはコミュニケーションでした。

ちょっとした雑談が苦手、ということはどうでも良くて、人として相性が良くない上司や同僚ともうまくやっていく必要があるということに大いに悩みました。

私の上司は、「バカ!」「そんなことも分からないのか!」「ふざけるな!」などという、それまでの人生で言われたことのない強い言葉を使う人でした。

一方で、仕事の進め方やマナーなど、社会人として大切なことを丁寧に教育してくれたので、今の自分があるのはその上司のおかげだと感謝をしていますが、その上司の元で働いている時は、恐怖の日々でした。

上司からの指示を正確に把握して、イメージ通りもしくはイメージ以上の成果物を提出する必要がありますが、発達障害が原因で意図せず、上司のイメージと異なる成果物を提出してしまうことが多々ありました。そのため、「また大声で怒鳴られるのでは?」とビクビクしていました。

そんな精神状態では、萎縮してしまって、良い仕事をできるはずがありません。恐怖か

ら萎縮をしてしまったり、頭が真っ白になってしまうことで仕事の質が低下し、ミスが増え、さらに怒鳴られて萎縮をして……という悪循環でした。

しかし、ひとり社長になった今は、一緒に働く人やお客様を自分で選ぶことができます。人に対して敬意を払わない人と働くと、私は全く頑張れなくて、仕事のパフォーマンスが低くなってしまいます。ですから、そういった取引先やお客様からの依頼は受けないようにしています。

一方で、相手の求めることを正確に理解して、イメージ通り、もしくはイメージ以上の成果物を提供することは、ひとり社長として仕事をする上でとても大切なポイントです。お客様が言葉にしていないニーズや思いを汲《く》み取るという、空気読み技術は必要になりますから、それに関して、第3章以降で詳しくお伝えします。

発達障害の凸凹は天性の才能。強みになることも多々ある

私が会社員として働いている時は、同期や周りの同僚と比べて、できないこと、苦手なことが多く、ネガティブなところに意識が向かいがちでした。

その度に、自分の不甲斐《ふがい》なさを嘆き、なんて自分はダメな存在なのかと、絶望の日々を過ごしていました。

しかし、ひとり社長として働き、それなりに仕事が順調な今、**ネガティブに作用する特性があるものの、それ以上に発達障害が驚異的な強みになることが多々あると感じています。**

私は会社員時代には気がつきませんでしたが、自分が持っている発達障害だからこその長所を見つけ、それを伸ばし続けることができれば、大きな成果を出せるようになるでしょう。

例えば、私は会社員をクビになって途方に暮れていた時に、「これからは趣味のカメラで生きていこう！」と思い立ち、カメラマンとしてのキャリアを歩み出しましたが、それが結果として私の長所を活かすことにつながりました。

今では、カメラマンとして月１００万円を稼ぐばかりでなく、『カメラマンになっていきなり月収を１００万円にする方法』（自由国民社）という本を上梓《じょうし》することもできました。私の強みの種だったカメラに全ベットしたからこそ、大きな成果を得られたと言えます。

ちなみに、子どもの頃から作文が得意でしたが、今はこのように文章を書くことも生業《なりわい》のひとつとなっています。

もし強みが見つけられないというのでしたら、弱みを逆手に取って考えてみるのも手かもしれません。

発達障害としての弱みが強みになりえるからです。弱みから徹底的に逃げることで、逆に強みを構築できる場合があるのです。

例えば、私はアスペルガー症候群なので、人と適度な距離感でコミュニケーションを図るのは苦手で、会社勤めをしている時は、それが原因で失敗してばかりでした。

しかし、独立した今は「適度な距離感が分からないのであれば、お客様にプラスになることを徹底的にやろう！」と割り切って、可能な限りお客様の利益につながる行動をしたり、情報を共有したりしてきました。時には、お節介を通り過ぎて失礼だった時もあったと思います。

それでも私の献身的に価値を提供する姿勢に好感を持っていただけることが増え、それによって私を信頼してくださる人が増えて、人とのつながりでひっきりなしに仕事を紹介していただける状態になりました。

つまり、弱点を逆手に取ったことで、仕事もプライベートもより良くなったのです。

他にも、弱みから逃げることで構築できた強みがあります。

そもそも私は、人とコミュニケーションを図ること自体が苦手ですので、当然のことながら営業活動がとても苦手です。何らかの商品やサービスをオススメすることで、自分の利益になることが申し訳なく感じてしまいますので、人に何かを売り込むことはできません。

ひとり社長として仕事を獲得して生きていくために、自分自身や自社のサービスを売り込むことができないのは致命的な弱点であることは明白です。

しかし、「営業をしたくない」「営業は絶対に向いていない」と思ったからこそ、自分から売り込まなくても仕事が入る仕組みを作ろうと考えて、ＳＮＳでの発信や権威性の獲得に注力することにしました。

具体的な方法は、第３章でお伝えしますが、それがうまくいったことで、営業活動を全くしなくても仕事の依頼がひっきりなしに全国から舞い込み、日本全国を飛び回る日々を、今は過ごせています。

発達障害でも強みになりうる4つの特徴

「今の職場で十分に活躍できていないのに、月100万円を稼げるようになるなんて、絶対に無理です」と思う方は多いかもしれません。

そこで、**弱点だと思われがちですが、実は強みになりうる特徴をまとめてみました。**

特徴1――こだわりが強い

会社勤めしていた時は、強いこだわりは明らかに弱点でした。

上司の言われた通りに仕事をしているつもりが、悪気なく違うアウトプットになってしまうことが多かったり、若手に求められがちなマニュアル通りに仕事したりすることが苦手でした。

仕事は「守破離」が大事だと言われていますが、若手に求められがちの「守」を全くできていないため、勝手にオリジナリティを出すなんて生意気だと思われたり、人の指示を無視していると思われたりして、問題になることが多かったです。

しかし、こだわりが強いからこそ、他の方には到達しえない高い水準まで成果物を高められるという特徴があります。例えば、クリエイティブな仕事であれば、強いこだわりがあればこそ、質の高い成果物を作ることができると言えそうです。

さらに私の場合、「過集中」という強みも持っているため、一度こだわり始めたら徹底的に細部まで質を高める作業ができます。

実際に、私は宿泊施設の集客目的でインテリアを撮影するカメラマンとして活動していますが、家具の配置や照明の明るさ、色合いなどを細かくこだわりたくなってしまいます。そのため、他のカメラマンさんと比べて撮影時間が２～３倍も長いですが、その分、集客効果が高いことが評判になり、今、月１００万円を稼げるようになっています。

他にも、「お客様には丁寧に接しなければならない」という強迫観念みたいな強いこだわりがあるおかげで、お客様とのやり取りの丁寧さで信頼につながり、それがリピートや紹介へとつながっています。

特徴2　コミュニケーションが苦手

コミュニケーションが苦手というのは、一見すると弱みのように感じられますが、強みになる側面もあります。

アスペルガー症候群の人は、人の気持ちを汲み取りにくく、コミュニケーションが苦手な人が多いですが、一方でルールを大切にしていたり、一度決めたことを曲げなかったりといった人も多いと思います。

そのため、人から「誠実」「愚直」「真っ直ぐ」などと、好意的に思われることが多いです。

実際に学生時代も社会人になってからも、私はコミュニケーションでだいぶ苦労しました。

いわゆる「学生ノリ」が苦手で、話題にどう乗れば良いのか分からず、学生時代は浮いていることが多かったですし、社会人になって、同僚と飲みに行っても、どんな会話をすれば良いか分からず、これまた孤立することが多かったです。

社交性の高い同僚が、先輩社員などと仲良く関係を深めて、それがきっかけになり仕事で活躍しているのを見ていると、羨ましく嫉妬してしまうこともありました。

しかし、独立してお客様と直接やり取りする機会が増えた今は、逆に人から好意的に感じてもらえることが増えました。

たとえ口がうまくなくても、「お客様に価値を届けなければ！」という想いは表情や言葉の端々、メッセージのことば遣いから伝わるようです。

今は、同じような仕事をしている人の交流会を開催すると、わずか1週間で30人以上の方が集まってくれますし、仕事の大部分は人からの紹介で獲得できるようになっています。

その結果、月に１００万円を稼げるようになっていますし、色々な方から信頼していただけたり、応援していただけたりしているので、孤立感を覚えることはほとんどなくなりました。

コミュニケーションが苦手ということは弱点のように思えますが、「誠実」「愚直」「真っ直ぐ」を大事にして、それらが伝わる努力をすれば良いということです。

特徴３――興味の対象がすぐに変わる

この特徴はＡＤＨＤの人に多いのですが、興味の対象がすぐに変わることは、変化の激しい現代において強みです。

例えば、私の本業はカメラマンですが、マーケティングやブランディング、ウェブ集客など色々なことに興味があり、ビジネス書を読み漁《あさ》ったおかげで、キレイな写真を撮るだけでなく、「マーケティングなどを駆使して売上アップに貢献できるカメラマン」として活躍できています。

カメラ一筋でやってきているカメラマンの方が撮影技術は高いですが、私は写真が使われるサイトでの集客効果など色々なことを考えた上で写真撮影をしています。なので、当然のことながら、集客を高めたいと考えるクライアントのニーズに合った写真を提供できています。

また、経営の安定化という観点で、複数の事業を保有することでリスクを減らすということが重要です。

興味の対象が変わりやすい人は、ひとつの事業が軌道に乗ると、次の事業立ち上げをしたくなるケースが多く、新しい事業も軌道に乗れば、経営がさらに安定することになります。

実際に私はレンタルスペースの撮影を多くしていたら、レンタルスペースの売上を伸ばす方法に興味を持ったため、それが集客支援という事業に発展しました。

また、集客支援だけでなく、自分でもレンタルスペースを運営したくなったので、レンタルスペース運営を始めました。そうしたら、さらに新しい事業を始めたくなり、レンタルスペースの運営権を事業譲渡したところ、事業譲渡の面白さを知り、事業譲渡の仲介事業などもスタートして、今のところ、どの事業もうまくいっています。

このように、興味の対象がすぐに変わることが、色々な知識や情報を習得できたり、新しい事業を立ち上げたりできるという強みになります。

特徴４―人と比べて変わっている

発達障害の方は良くも悪くも他の方と比べて、考え方や言動が少し変わっていることが多いと思います。

実際に私も、子どもの頃から「変わっている」と言われる機会が多かったです。今は、これこそが大きな強みだと感じています。

なぜならば、あなたに仕事を依頼しようと思ってもらえるのは、他の人と違うことをやっていて、他の人にない価値を提供しているからこそ、だからです。

もし、あなたが他の人と全く同じことをやっているのであれば、わざわざあなたに仕事を依頼する理由が少ないと思います。他の人と違うことをやるからこそ、あなたの仕事に価値があるのです。

会社員という立場ですと、大きな組織の一員として、他の人と同じことを遂行することが求められがちで、発達障害の私はそれが大の苦手でしたので、だいぶ苦労をしました。

しかし、**今は新しいことをやればやるほど、お客様へ新しい価値を提供できますし、他社と差別化を図れますので、ビジネスがうまく回るようになっています。**

自己肯定感の低さも武器になる

アスペルガー症候群やＡＤＨＤなど、発達障害を抱える人は、会社の環境にうまく適応しきれず、ネガティブな評価をされることが多く、自己肯定感が低くなることが多いと思います。

実際に私が会社勤めしていた頃は、アスペルガー症候群特有の強いこだわりや、コミュニケーションが苦手という特性のために、上司から怒られることや、自分自身を「無能！」「価値がない！」などと責めることが多かったため、自己肯定感がとても低かったです。

常にネガティブな怒声が飛んでくる状況でしたので、適応障害になりましたし、おそらく軽いうつ状態だったと思います。

そのため、自己肯定感が著しく低い状況で会社を独立したのですが、今になって振り返ってみると、だからこそ、月１００万円を稼げるようになったと感じています。**自己肯定**

感が低いことが自らをレベルアップさせていくことへの原動力となり、成長できたと思うからです。

例えば、良くも悪くも自分自身に自信がないおかげで、慢心することはなく、常に、もっとより良くしなければという危機感や切迫感を持てています。

慢心してしまったら、成長がストップしてしまいますが、自己肯定感が低いことで常に現状に満足せず、高みを目指し続けられるでしょう。

また、自己肯定感が低いからこそ、丁寧かつ慎重に仕事に取り組めます。私は業界内で圧倒的な実績がありますが、今でも自分の実力を不安に思っていますので、手を抜いて仕事をすることはできません。

そして、万全のコンディションでなければ不安なので、仕事の前は十分な支度をしますし、色々とシミュレーションをした上で取り組むようにしています。もちろん、仕事の前日に夜更かしすることは絶対にあり得ません。

それに、**たとえ自己肯定感が低くても、少しの工夫で、仕事に支障がない状態にすることは可能です。**

例えば、自己肯定感が低いことの最大のデメリットは、堂々と自信を持って、人と会話できないことです。営業や仕事の打ち合わせをする時に、弱々しく自信なさそうに話されると、仕事を依頼する側は不安に覚えてしまうでしょう。

しかし、少しだけ工夫することで、商談や仕事の１〜2時間だけは、堂々と自信たっぷりに振る舞える方法があります。

詳しくは第5章に書きましたので、そちらを参照してください。

「過集中」という最強武器

この本の中でも既に何度か触れましたが、今まで1度くらいは「過集中」という単語を聞いたことがあるのではないでしょうか。

過集中とは、多くの発達障害の方が抱える過度に集中する特性のことで、人によっては寝食を忘れて何かに没頭してしまうと言われています。

人によって過集中の度合いは違いますが、私が学生の頃は新しいゲームを入手した時に過集中になりやすく、1日20時間くらい、最低限の睡眠と食事以外はゲームだけをしていたことがあります。

他にも、過集中と言えるか分からないですが、数ヶ月~数年の期間で、革靴磨きや料理、マラソンなどにドはまりして、四六時中、それらのことばかり考えてしまう、ということもありました。

また、科学的な根拠はありませんが、いわゆる過去の天才と呼ばれる芸術家の伝記などを読んでいると、彼らは過集中という武器を持っているからこそ、天才と呼ばれる作品を世に残したのだと感じることが多いです。

過集中は良い面も悪い面もありますが、せっかく天から授かった才能ですので、これを活かさないと、もったいないです！

実際に、私はカメラマンとして活動していますので、写真を撮る時や撮った写真をより良く加工する時、本のための文章を執筆する時、データ分析をする時などなど、意識的に過集中状態で仕事をするようにしています。

そのおかげで、高い質の仕事をできて、それがお客様にご評価いただけて、月１００万円を稼げるようになった今があると考えています。

では、どうやれば過集中という特性を活用できるでしょうか？

過集中を活かして武器とする、という観点で考えると、大事なことが2点あります。

それは、「過集中に入れる環境を確保すること」「過集中に入りすぎないこと」です。

まず、当然ですが、過集中に入らなければ、過集中になりません。

過集中に入ってしまえば、多少の視覚的、聴覚的な刺激があっても気づかず、集中が途切れることが少なくなります。しかし、過集中に入る前までは、少しの外的刺激で集中が途切れがちです。

ですから、「過集中に入れる環境を確保すること」が重要です。これに関しては、気が散りにくい状況を意識的に作り出すことで、過集中に入りやすくなります。

「過集中のトリガー（きっかけ）となる要素」と「過集中に入るのを阻害する要素」も把握しておくと良いと思います。

例えば、私はイヤホンをして音をガンガン流すのが、過集中のトリガーになることが多いです。ただ、どのような音を流すべきかは、その時によって異なり、激しめの洋楽だったり、クラシック音楽だったり、自然音だったりと、バラバラです。

一方、過集中を阻害する要素としては、何かに焦っている時や睡眠不足が挙げられます。また、スマホの通知は絶対に気になってしまいますので、スマホはおやすみモードにして、通知が来ない設定にしています。

過集中になると、短期間で質の高い仕事ができたり、自分の専門性をさらに高められたりといった良い面もある一方、飲食さえ忘れて物事に没頭してしまったり、同僚からの呼びかけに気がつけなかったり、過集中の反動で疲れて無気力状態になってしまうこともあります。

実際に、私が本のための文章を書く時は、意識的に過集中状態で執筆するようにしていますので、肉体的にも精神的にも負担が重く、その反動でそれ以降に他の仕事をする元気が残っていないことが多かったです。

そうならないためにも、**過集中の良い部分だけを利用しつつ、過集中しすぎてデメリットが生じないよう「過集中に入りすぎないこと」が重要です。**

今まで本を2冊上梓していて、過集中に入って文章を書くようにしていましたので、１つの項目を書き上げた後は、元気を使い尽くしてしまい、文章を書けなくなっていました。

でも、今は過集中に入るものの、過集中で居続けることに固執しないようにしています。

例えば、３００文字を書いたら5分くらいスマホを見てリラックスするなどです。

また、写真の編集作業をする時も過集中を使っていましたが、やはり身体への負担が多いため、編集作業に着手するのに気が重いことが多かったです。

そこで、今は過集中に入りすぎないように、ラジオを聞きながら作業をしていて、ラジオから人の会話が聞こえてくるため、良い塩梅《あんばい》に過集中が妨げられて、薄い過集中状態で良い仕事をできています。

人によって過集中への入り方や、入り込みすぎない工夫は異なるかもしれませんが、この2点を意識していただくと、より効果的に過集中を使いこなして、仕事のパフォーマンスを高めることができると思います。

専門性がないからこそ、専門性を作れる

私が新卒で入社した会社をクビになった時、専門性は全くありませんでした。

当然といえば当然ですが、会社で全く活躍できていなくて、誰でもできるような雑用さえ十分にできていない状況でしたので、専門性が身につくわけがありません。

実際に、この本をお読みの方の中にも、胸を張って「〇〇という専門性があります！」と言いづらい方もいるかもしれません。

しかし、専門性がないからこそ、専門性を作れるのです。

専門性があると、既にある専門性を活かして仕事をしようという発想になりがちです。

しかし、そもそも、多少の専門性があるからといって、その道が自分に向いているとは限りません。ですから、**専門性がないことで、逆に自分に合った道を選べて、結果として大成できる可能性が高いとも言えるのです。**

実際に、私は何かに関する専門性が全くなかったので、「学生の時から趣味だった写真を活かせるカメラマンを試しにやってみよう」と思い、カメラマンになったことで月に100万円を稼げるようになり、おかげさまで、今はプライベートも充実できています。

また、カメラ関連の専門学校などに行っていませんので、良くも悪くも、業界のしきたりやルールなどに縛られず、お客様への価値提供だけを考えられることも良かったと感じています。

一方で、カメラマンとしてある程度軌道に乗って、専門性が身についた時に、だいぶ苦労しました。

撮影事業という基盤ができたおかげで、良くも悪くも撮影から派生したビジネスばかりを考えてしまったため、ビジネスを拡大できず、伸び悩んでいる時期がありました。

では、専門性がない状態で、どうやって自分に合った仕事を見つけ、専門性を高めていければ良いのでしょうか？　それについて、第2章で詳しく説明しているので、そちらをご覧ください。

独立前におさえておきたい3つのポイント

もし、月に100万円を稼ぎたいと思うのであれば、ひとり社長として働くことが近道だと考えています。会社員として月収100万円はエリートサラリーマンですが、**ひとり社長として工夫すれば月収100万円になるのは難しいことではありません。**

本書には、会社員として活躍するために役立つ内容も含んでいますが、もしひとり社長という生き方を選ぶのであれば、独立前に絶対におさえていただきたいポイントが3つあります。

1つ目は、独立する場合は、副業で10万円を稼げるようになってからにしていただきたい、ということです。

こちらも、詳しくは第2章でお伝えしますが、ひとり社長として月100万円を稼ぐのはもちろんですが、安定した収益を生み出せるようになるのも、経験がない方にとっては簡単なことではありません。

日本でもトップレベルの規模がある大企業を立ち上げた大経営者でも、百発百中で物事がうまくいくことはないと言っている人が多いです。

例えば、「にしたんクリニック」で有名なエクスコムグローバル株式会社を立ち上げた西村誠司氏による『最強知名度のつくり方　売上98％減からのV字逆転を実現した必勝術』（KADOKAWA）に『「1勝19敗」の経験が思考力を磨いた」と書かれていました。

同じようなことをおっしゃる大経営者は、他にも大勢います。

もし、あなたが、多くの人が知っているにしたんクリニックを立ち上げた西村氏より優秀な経営者であれば話は別ですが、そうでなければ、新しいことを始めても、すぐにはうまくいかないことが多いと言えるでしょう。

実際に私もそうでしたが、独立してからいきなり仕事が次々と舞い込んでくるケースは少ないです。私は、1年くらいは大赤字が続き、その後2年間くらいは収支がトントンという状況でした。

ですから、まずは自分が大成する見込みがあることに取り組んでいると確信を持つためにも、月に10万円くらいの収入を得られる状態に至ることが重要です。

副業という形で月に10万円の収入を得られるのであれば、きっとあなたに適性があり、さらに社会にニーズがあるということですので、本業として取り組めば、きっと月に１０0万円くらいを稼げるようになるでしょう。

ただし、副業で月に10万円を稼げるようになったといっても、その状態で会社を辞めてフルコミットしたからといって、すぐに売上が伸びるとは限りません。

過去の私みたいにギリギリの生活をする人を減らして、最短で活躍するためのノウハウを本書に詰め込んでいますが、それでも多少の時間がかかってしまいます。

ですから、「半年間くらいは収入がゼロでも生きていける貯金」もご用意いただきたいです。これが絶対におさえていただきたいポイントの２つ目です。

当面の生活費ということと、貯金があることの安心感は何物にも代えがたいです。

一方で、貯金が少なくなってきて、ギリギリの生活になってしまうと、生きるために本業とは無関係のアルバイトなどをする必要が出てきて、それにより本業を伸ばす時間がなくなってしまいます。

他にも、切迫感から短期的な視点しか持てなくなり、宝くじやギャンブルで一発逆転を狙う、みたいな精神状態になってしまうことがあるため、安心感を得られる材料である貯金はあった方が良いでしょう。

そして3つ目は、「自分は独立してやっていくんだ」という決意です。

繰り返しになりますが、すぐに軌道に乗るのは簡単なことではありません。本書では最短で軌道に乗れる方法を書いていますが、そうは言っても山あり谷ありです。谷に陥った時、どうしても「やっぱり自分が独立するなんて無理なんだ」と弱気になってしまいます。

しかし、そこで少し踏ん張って頑張ることで、その後に盛り返して成功を収められるはずです。実際に私も、独立したばかりの頃は弱気になり不安になったこともありました。ですから、「最低でも◯カ月は全力で頑張ってみる！」という強い意志を持っていただきたいのです。

この3つのポイントをおさえた状態で独立することで、リスクを極力抑えた上で、成功する可能性を高められます。

副業収入が10万円あった状態で独立しても、10万円だけでは生活できないでしょう。しかし、貯金があれば生活できます。

そして、**副業としての限られた時間で10万円を稼げる状態なのであれば、本業として時**

間を使って向き合うことで、だんだんと規模を拡大できる可能性が高いです。

何もない状態から新しいビジネスを生み出すのは難しいですが、既にある程度稼げる状態で、なおかつ強い意志を持っているのであれば、いずれ仕事が軌道に乗るはずです。

第2章

副業から始めて独立するまでの具体的なロードマップ

0 発達障害の僕には、クライアントワークしかなかった

私は発達障害を抱えていますので、会社員時代は仕事で全く成果を出せず、仕事の専門性もなく、コミュニケーション能力が低いため、プライベートで遊べる友達も少なく、そこまで給料が高くなかったため、大した貯金もありませんでした。

つまり、会社員を辞めた時は、何も持っていない状態の人間でした。

このようにスキルもお金もない人間が、会社を辞めて、お金を稼いで生きていくためにできることは、1つしかないと思います。

それは、クライアントワークをすることです。

クライアントワークとは、お客様から仕事の依頼を受けて、成果物を提供することで、対価としてお金を得る仕事のことです。

例えば、カメラマンであれば、写真を撮影して、写真データを納品することの対価とし

てお金を得ることになります。ライターであれば、文章を書くことで対価を得ることがクライアントワークということになります。

もし貯金がたくさんあれば、貯金を株式や不動産に投資することで、お金を得ることができるかもしれません。

もしくは、何かしらの専門性があったり、マネジメントスキルがあったりするのであれば、人を雇って何かしらの事業をできたかもしれませんが、いきなり人を雇用して事業を始められる人はそんなに多くないと思います。

会社をクビのような形で辞めた私には絶対に無理でした。

また、アルバイトをすることでも生活する上で必要なお金を得ることができるため、一時的には良いですが、一生アルバイトをして生活し続ける未来は現実的ではないでしょう。

そうなると、やはり過去の私のように何も持たない人間は、何かしらの価値を提供することでお金を得るクライアントワークをするしかないのです。

身近なところに会社勤めの人しかいなくて、クライアントワークという働き方のイメージが湧かず、心配になるかもしれません。でも、そのような働き方をしている人はたくさんいます。実際に、会社員時代の私も会社勤め以外の働き方があるとは知りませんでしたが、独立してからは、ひとり社長や個人事業主として働く人が意外にも多いことに驚かされました。

では、クライアントワークをする時は、何が必要でしょうか？
それは、提供する物とお客様です。

スキルも人脈もお金も何もかも持たない人間が、お客様と、お客様に価値を提供できるだけのスキルを入手することは簡単なことではありませんが、スムーズにそれらを獲得する方法を本章で詳しくお伝えします。

1 特別なスキルも専門性もなかった僕が、天職を見つけた方法

「特別なスキルや専門性がないので、将来が不安です」と思っている発達障害の方は少なくないと思います。

実際に、私は4年ほど会社員として働きましたが、あまり活躍できず、誰でもできるような単純作業ばかりしていましたので、特別なスキルも専門性も全くありませんでした。唯一身につけたものといったら、ビジネスマナーくらいです。

しかし、今は自分の天職を見つけられ、自分の強みを最大限活かして働けています。100万円という月収がそれを物語っています。

どうしてこうなれたのかを考えてみると、発達障害で特別なスキルがなかったからだと感じています。

矛盾しているように思われるかもしれませんが、現時点で特別なスキルを持っていない

からこそ、今あるスキルに惑わされず、フラットな立場で天職を見つけやすいと考えています。

では、どうやって適職を見つけるのでしょうか？

天職を探すのにオススメしたいのが、「ネット検索」です。

肩透かしを食らったような感じがするかもしれませんが、大真面目です。

実際に私自身も、ネットで「発達障害　天職」と検索して、カメラマンという職業にたどり着きました。学生の頃から写真を撮るのは好きでしたし、検索結果の中にカメラマンについて記載がたくさんあったことが、カメラマンという選択を後押ししてくれました。

発達障害に関しては、優秀で一流の学者や研究者の方々が様々な研究をしてくれていて、その研究結果を噛《か》み砕いて書いた分かりやすい記事はネット上に数多くあります。

もちろん、発達障害の特性は人によってバラバラですので、全てを参考にできるとは限りませんが、自分の強み弱みや天職を探す時に有益な情報は世の中に多くあります。

例えば、下記のような検索キーワードで調べてみてください。

「発達障害　天職」
「発達障害　向いている　職業」
「発達障害　強み」
「アスペルガー　天職」
「アスペルガー　適職」
「ASD　天職」
「ASD　適職」
「ADHD　天職」
「ADHD　適職」

もちろん、ネット上の記事は無限にありますし、その中には正しくない情報もたくさんありますので、大きな会社が運営しているメディアだったり、専門家の監修がついていたりするサイトを見るのがオススメです。

それらの記事を読むと、一般的に、アスペルガー症候群やADHDの方は、これらの職種が向いているとされていることが分かります。

■アスペルガー症候群の人が向いている職業

- 研究者
- デザイナー
- エンジニア
- プログラマー
- カメラマン
- ライター
- 病理医

■ADHDの人が向いている職業

- デザイナー
- 営業職
- カメラマン
- エンジニア
- 経営者

一般的に、アスペルガー症候群の方は、規則性がありパターン化できる仕事や、自分のこだわりを活かせる仕事が向いていて、ＡＤＨＤの方は、興味の対象が変わりやすいことを強みにできて、行動力を求められる仕事が向いているとされています。

もちろん、研究者や病理医といった職業は中でも高い専門性が求められますから、相応の学歴が必要になります。ですので、現実的ではないかもしれませんが、これらの天職候補の職業を見ていると、一人だけで完結できて、そして副業としても取り組める仕事が多くあることに気がつくと思います。

例えば、デザイナーやエンジニア、カメラマン、ライター、営業職などです。

これらの中で興味があったり、直感的に「自分に向いてそう！」と感じた職業を、試しに勉強してみたり、副業として取り組んでみることをオススメします。

デザイナーが向いていそうだと思うのであれば、イラストを描いてみたり、名刺のデザインを作ってみたり、カメラマンが向いていそうだと思うのであれば、実際にカメラ片手に出かけて写真を撮ってみたり、ライターであれば、何かの紹介記事を書いてみる、などです。

ここで注意していただきたいのが、この時点で投資をしすぎない、ということです。

例えば、「自分はカメラマンが向いているかもしれないから、撮影について勉強してみよう！」と志して、高いカメラを買い、実際に撮影をしてみても、興味を持てず、断念する可能性があります。

そうなると、せっかく高いカメラを買ったのに、虎の子の貯金が減ってしまったり、ローンしか残らなかったり、という事態になってしまうかもしれません。

デザイナーの方もいきなり高い道具を買ったりするのは避けた方が良いでしょう。

今のタイミングでは、できる限りお金がかからない範囲で試してみるのがオススメです。

私がカメラマンを選んだ理由は、「発達障害　天職」と調べて、「カメラマン」と書かれた記事が多かったことに加え、学生の頃からカメラが趣味で、一眼レフカメラを持っていたからです。

昔から好きだったし、追加投資なく取り組める、という単純な理由で、カメラマンという職業を選んだところ、紆余曲折がありましたが、結果としては大当たりでした。

カメラひとつで月収１００万円を稼げるようになりましたし、上場している会社を含めて色々な会社でセミナー登壇したり、メディアに載ったりすることもできています。

また、面白いことに、メインはカメラマンですが、発達障害の人が向いているとされる、ライターやデザイナーとしても活動していて、幸運にもそれらでも評価していただいています。例えば、本書は私にとって3冊目の本ですが、本の執筆はまさにライターとしての仕事そのものです。

カメラマンとしてインテリアのある空間を撮影する機会が多いため、インテリアに関する知識が増えたことで、今では売上が高まるインテリアについてコンサルティングをするまでになっています。インテリアデザイナーみたいな仕事をすることもあります。

そのような未来は自分では全く想像していなかったのですが、「発達障害　天職」と検索してみて、出てきた職業は、やはり自分に合っていたのだと感じています。

ちなみに、私は今でこそ、カメラマンからスタートして、それの派生で色々な仕事をしていますが、もしカメラマンとして芽が出なければ、プログラマーとして就職しようと考えていました。

なぜならば、ネット検索の結果として、プログラマーは発達障害の人に向いている職業だという記事をいくつも読んでいましたし、私自身もアスペルガー症候群だからか、規則性のあるものを理解して使いこなす、ということが好きだったため、プログラマーとして必要な特性を持てているように思えていたからです。それに、大学受験では、文系にもかかわらず、歴史の代わりに数学を受験科目に選ぶくらい、子どもの頃から算数や数学が好きでした。

もちろん、そんなに甘いものではないので、実際に取り組んでみたら大変なことも多いかもしれません。

いずれにせよ、**今までの人生を振り返ってみて、自分の好き嫌い、向き不向きから、適職候補の仕事を絞り込み、取り組むのが良いと思います。**

発達障害の人に向いている職業としてネット上で紹介されているだけの理由で、自分の仕事を選ぶことに対して、リスクが大きいと感じられる方もいるかもしれませんが、初期投資をかけすぎずに、手軽なところから仕事にしていく手段として検討してみるのはいかがでしょうか？

実際に取り組んでみて、「これならやっていけそう！」と思えるようでしたら、副業として本格的にスタートをさせていけばいいのです。

2 初心者が実績を積む機会をまずは作る

自分が向いていると思える職業を見つけたのちに、それを仕事につなげるには、何かしらの営業活動が必要になります。

その際に、「どれだけ価値を提供できるのか？」ということを伝えるために、実績が必要になってきます。

例えば、カメラが向いていそうだと感じて、副業としてカメラマンをやってみようと思った時に、実績がなければ、いくら「私は写真撮影をできます！」とアピールしても、依頼者が不安になってしまいます。

あなたの結婚式で思い出に残る写真を撮ってくれるカメラマンを自分で探そうとした時のことを思い浮かべてみてください。カメラマン候補の人がどのような写真を撮るのか、知りたくなるはずです。

そして、その人の写真を見て良いと思ったとしましょう。その後、実は権威ある賞を受賞しているということも知ったら、「この人の写真は好きだし、実績もある人だから、自分の結婚式でもステキな写真を撮ってくれるだろう」と思うでしょう。

つまり、矛盾しているようですが、仕事を得るために実績が必要で、実績を得るためには仕事をすることが必要なのです。

完全に「鶏と卵」問題ですが、少し工夫すれば、最初の仕事を獲得する上で必要な実績を作れます。

まず、周囲の人に宣言して、無料か安価で仕事をすればいいのです。

例えば、カメラマンやデザイナーとして活動することを試みるのであれば、自分のFacebookやＬＩＮＥのタイムライン、Instagramのストーリーなどで、このような投稿をするのがオススメです

「カメラマンとしての仕事を副業として始めました！　コーヒー一杯をご馳走していただければ、写真を撮るので、ニーズある人がいればご連絡ください」

「名刺デザインを始めました！　今は無料なので、ぜひやらせてください！」

大切な友人の新しい活動を応援したいと思う人は多いですので、このような行動をすると、意外と仕事を依頼してくれる人が現れるものです。直接的な依頼につながらなかった

としても、「撮影してほしいって言っている知り合いがいたので、紹介しましょうか？」という声がかかったりする場合もあります。

このように、周囲の人に宣言することがオススメですが、もし知り合いが多くなく、うまくいかなかったり、恥ずかしくてそれができなかったりしても問題ありません。

そのような場合は、多少のお金をかけて、実績やポートフォリオ（作品集）を作ることがオススメです。

例えば、エンジニアであれば、独学でホームページやアプリを作ってみたり、デザイナーであれば架空の会社の名刺だったり、イベントのチラシを作ってネット上で公開してみたり、ライターであれば自分のブログを作ってみるなどです。

カメラマンの場合は、人を撮った写真が実績として必要ですので、有料の撮影会などに行って写真撮影の実績を積むのも良いでしょう。

私は会社を辞めてカメラマンとしての活動を始めたことに対して、落ちぶれてしまったと思っていたため、恥ずかしくて「カメラマンとしての活動を始めたので、撮影依頼を募集しています！」みたいなことを周囲に発信することができませんでした。

そのため、「僕はこんな写真を撮れます！」と紹介するための、人が写った写真をなかなか作れなくて、そのおかげで仕事を獲得できなくて苦労しました。

今の私が仮に独立したばかりの状態でしたら、撮影会に行ったり、モデルさんを雇ったりして、早めに実績やポートフォリオを作ります。

たしかに、若干のお金はかかりますが、お金をかけた分、早く仕事を獲得できますので、短期間で投資金額は回収できるでしょう。

3 クラウドソーシングサービスで最初の仕事を獲得する

新しい仕事をスタートさせて、無料や安い金額で仕事をするようにして少しずつ実績がたまってきたとしても、新しい仕事を獲得するのは簡単ではないと思います。

しかし、豊富な実績や経験がなくても仕事を獲得するためのオススメな方法があります。

それは、**クラウドソーシングサービスや集客サイトに登録するということです。**

クラウドソーシングサービスとは、仕事を依頼したい人と、仕事を獲得したい人とをつなげるサービスで、高い質は求めない代わりに、相場より安めの単価での仕事が多いです。

そのため、駆け出しで、実績や経験がそこまで多くなくても仕事を獲得するチャンスは大いにあります。

クラウドソーシングサービスでいうと、例えば、『クラウドワークス』『ランサーズ』『ココナラ』などが有名です。

クラウドソーシングサービスには、様々な職種の人向けの案件が出ていますので、あなたが始めた仕事の募集があるか、探してみてください。

あなたがカメラマンであれば、撮影の案件に、デザイナーであれば、自分ができるジャンルのデザインの案件に片っ端から応募するのが良いでしょう。

また、クラウドソーシングサービス以外にも、特定の職種に絞った集客サイトもありますので、それも活用することがオススメです。

例えば、カメラマン業界では、『OurPhoto』や『ラブグラフ』などといった、撮影を依頼したい人と、撮影できる人とをつなぐサービスもありますので、このようなサイトに登録することでも、撮影の仕事を増やせます。

他にも、「エンジニア　案件」と調べたら、案件や求人がまとまったサイトが多く出てきましたので、このように業界に特化したサイトに登録するのが良いでしょう。

もちろん、仕事をする上で、高単価のお客様から直接依頼をもらった方が、収益面でも仕事の進めやすさでも良いことは言うまでもありません。

しかし、**実績や経験、人とのつながりが少ない駆け出しの時は、クラウドソーシングなどを活用するしかないと思います。**

とはいえ、他の手段と比べてクラウドソーシングを活用すると仕事を取りやすいものの、やはりクラウドソーシングサイトでも簡単に仕事を獲得できるとは限りません。

では、どうすればうまく仕事を獲得できるでしょうか？

次の流れを把握した上で、流れに沿ってあなたの魅力や強みが伝わるよう工夫してみてください。

■仕事獲得の流れ

- 【依頼者】依頼したい仕事に関する投稿をする
- 【受注者】投稿に対して、「私ができます！」という内容の応募文を送る
- 【依頼者】複数の応募の中からメッセージのやり取りなどを通して、依頼する人を絞る
- 【依頼者】【受注者】仕事を依頼することが決定する

そして、このような流れに沿って、実際に仕事を獲得するために心がけていただきたいのが次の3点です。

■クラウドソーシング最強活用法3選
①プロフィールで依頼者の不安感を減らすべし
②第一印象を決める応募文とやり取りに全力を注ぐべし
③次の案件獲得につなげるためにレビューを活用すべし

これから、ひとつずつ説明していきます。

1 プロフィールで依頼者の不安感を減らすべし

クラウドソーシングのサイト上には、あなたと同じように、多くの人が受注側として登録をしています。

受注者の中には、仕事をしないで途中で投げ出してしまったり、使い物にならないレベルの質が低い成果物の納品をしたりする人が少なからず存在しますので、依頼者は質の低い人に当たらないよう警戒しています。

そのため、**仕事を獲得するには、「本当にこの人は大丈夫なのか？」「信頼できるのか？」「一生懸命仕事をしてくれるのか？」という不安感を払拭することが重要です。**

依頼者の不安感を減らすために、ぜひ取り組んでいただきたいのが、自身のプロフィールの改良です。

依頼者目線になって、下記のことを意識してプロフィールを書いてみてください。

この時に、誤字脱字があると、雑な仕事をする人だと思われますので、何度も読み返して誤字脱字がないよう気をつけます。

■簡単な挨拶……文字数が少ない場合は省略しても問題ないですが、「ご覧いただきありがとうございます。カメラマンの坂口です」などと記載することで、温かいコミュニケーションを図れる人だと感じてもらえます。クラウドソーシングサイト以外でも、適切な言葉のやり取りをできない人が一定数いますので、このような挨拶があることで、適切なコミュニケーションを図れる（＝コミュニケーションコストがかからない）ということを伝えられます。

■対応可能な仕事……自分ができる仕事を具体的に書いてある方が、仕事を依頼されやすいです。例えば、カメラマンで言うと、「カメラマンです。人物撮影、物撮り、物件撮影など幅広く対応可能です」、デザイナーであれば「デザイナーです。LP（ランディングページ）デザイン、サイトデザイン、名刺デザイン、UIデザインなどに対応できます」というイメージです。

■実績や経験……報酬が発生していないことでも、実績や経験があれば書きましょう。自分にとっては大したことでなくても、依頼者からすると「すごい！」と感じることが多々ありますので、人からの見られ方を意識して、できる限りたくさん書くことがオススメです。実績や経験が増えた時は、ここの説明も増やすようにした方が良いです。

■スキルや機材など……職種によっては重要です。例えば、カメラマンであれば使っている機材、エンジニアであれば使える言語、デザイナーであれば使えるアプリケーションを記載しましょう。

■思いや意気込み……これも、文字数が少ない場合は省略可能です。しかし、実績やスキルがない人は、思いや意気込みでアピールしていくことが有効なので、「応援したい」「自分のために頑張ってくれそうだな」と感じてもらえそうなアピールをしましょう。

2 第一印象を決める応募文とやり取りに全力を注ぐべし

あなたのことを、依頼者が最初に認知するのが、仕事募集の投稿に対する応募文です。応募文で興味を持ってもらえなければ仕事を獲得するのは無理ですので、ここに一番力を注ぎましょう。

応募文では、「私は何をできるのか？　どのくらいの質でできるか？」などのアピールの他に、スムーズでストレスないコミュニケーションを図れることを伝えることが大事です。

応募文を作る時は下記を参考にしてください。

■意識すること

- 依頼文をよく読む

・依頼文に書かれている質問に、簡潔に回答する
・自分のアピールにつながることを追加で書く

■書くべき内容

・簡単な挨拶
・質問に対する簡潔な回答
・依頼内容に自分が向いている理由
・実績
・機材
・締めの挨拶、意気込みなど

私はクラウドソーシングサービスを使って仕事を依頼することもよくあるのですが、依頼文をきちんと読んでいない人が多いようにも思います。そういう人からの回答は、テンプレート（定型文）をそのまま使いまわしているような印象を受けます。

依頼文をよく読まずにテンプレートを使う人が、依頼通りに、気の利いた仕事をしてくれる可能性は低いです。そのため、質問に対してきちんと回答してくれない人には依頼し

にくくなってしまうので、注意が必要です。

時間短縮という観点でテンプレートを使うのは良いことですが、テンプレートを参考にしつつも、依頼文をよく読み、依頼者が知りたい情報を簡潔に分かりやすく回答することが重要です。

また、応募文に自分のポートフォリオを記載するケースも多いと思いますが、その時には、できる限り相手が手間なく確認できる工夫をした方が良いです。

例えば、クラウドソーシングサイト上だけで完結する方法を考えます。写真や画像を送る場合に、閲覧するためのパスワードが必要だったり、ダウンロードや解凍（展開）が必要だったりすると、手間がかかりすぎてしまいます。ですから、応募文に画像添付をしたり、クリックひとつで表示されるGoogleドライブを活用するなどします。

最近ではChatGPTなどのＡＩ技術が台頭してきて、ChatGPTに応募文を作らせるようにしてから、受注率が高まったという事例を聞いたことがあります。

クラウドソーシングサイトの使い方に慣れてきて、受注件数が増えてきた場合は、受注した時の依頼文と応募文を学習させて、「この依頼文に対して、受注できる応募文を作ってください」などと指示を出すのが良いようです。

応募文に対して興味を持ってもらえて、発注者からメッセージがあった後は、ビジネスマナーに気をつけつつ、相手からの質問に対して簡潔に回答するようにしましょう。繰り返しになりますが、アピールだけでなく、スムーズでストレスのないコミュニケーションを図れるかも大切です。

3　次の案件獲得につなげるためにレビューを活用すべし

ほとんどのクラウドソーシングサービスでは、レビュー機能があります。

発注者がレビューを確認して、依頼しても問題ない人物なのかを判断したりするほか、レビューの評価が高ければ他の人より上位に表示されることがあります。

また、それだけでなく、レビューの件数が多く、平均レビューが高い人は、「ゴールドランク」などといった認定を受けて、クラウドソーシングサービスのお墨付きを得られることもあります。

クラウドソーシングサービス上で仕事を安定的に獲得するためには、良いレビューを多

く獲得することが重要で、そのためには質の高い仕事をすることと、レビューを獲得するための工夫が必要です。

質の高い仕事をする必要があるのは言うまでもないですが、良い仕事をするだけでは、高いレビューを獲得することは難しいです。

日本人は極端な評価をすることを避ける傾向がありますので、どうしても最高の評価をしにくく、無難な中間の評価をすることが多いからです。

例えば、最大評価が星5で、たとえ満足している場合でも星3、4をつけるケースが多いと思います。また、依頼者からするとレビューをするメリットがありませんので、仕事に満足しつつもレビューしないというケースも多いようです。

そのため、**大前提として質の高い仕事をして依頼者に満足してもらった上で、レビューをしてもらえるようにお願いすることをオススメします。**

「今後もお客様に価値を届けたいと考えていますので、大きなトラブルなく仕事を完了できていましたら、星5レビューをお願いできますでしょうか？」などと、あらかじめ伝えておくのです。

一般的に「満足いただけたら星5を～」と書いてしまいがちですが、そうなると満足してもらった時しか最高評価をしてもらえませんので、「大きなトラブルなく仕事を完遂できていれば」と基準を下げることで、最高評価をしてもらいやすくなります。

また、**「星5レビューをしてください」などと具体的に取ってほしい行動まで伝えることが有効です。**

これらのクラウドソーシング活用術によって、副業として安定的に仕事を獲得できるようになってくるはずです。

仕事内容によって本業と両立できる時間的余裕は異なりますが、時間的、体力的に無理ない範囲で対応できるくらいの仕事を獲得できるようになってくるのが理想です。

4 SNSの活用で次のステップへ飛躍する

クラウドソーシングサービスの活用などで安定的に仕事を獲得できるようになった後に、中長期的に取り組むことをぜひともオススメしたいのがSNSの活用です。

クラウドソーシングサイトは、実績が少なくても仕事を獲得しやすいですが、単価が低い案件が多く、サービス外でのやり取りが禁止されていることが多いので、リピートや紹介につながりにくいです。

また、クラウドソーシングサービス上で獲得した仕事の場合、報酬の一部を手数料として支払う必要がありますので、手元に残る金額はさらに少なくなってしまいます。

そのため、クラウドソーシングサービスは最初の実績や経験を積むという観点ではオススメですが、単価アップを図ったり、リピート客を獲得したりという観点でいうと、中長期的に使い続けることはオススメできません。

次のステップとして活用すべきＳＮＳは、例えば、Ｘ（旧Twitter）やInstagram、Facebook、YouTubeやTikTokなどです。

まずは、クラウドソーシングサービスを通して獲得した実績やポートフォリオ、仕事をする中で得た気づきなどをＳＮＳに投稿することがオススメです。

クラウドソーシングサービスに登録している人には「仕事を依頼したい」というモチベーションが高い人が多い一方で、ＳＮＳ上には仕事を依頼するモチベーションがそれほど高くない人が多いです。

しかし、ひとつの投稿が１００人、１０００人、１万人と多くの人に届いて、それによって仕事の依頼につながるということがあります。

クラウドソーシングサービスでは、ひとつの応募文を1人にしか届けられませんが、ＳＮＳは数倍、数百倍の人に届けられますので、ＳＮＳの方が発信効率が良いと言えます。

また、発信し続けることで、あなたのことを知ってくれる人数を増やせますし、それだけでなくあなたのファン、応援者をも増やすことができます。

あなたに対して仕事の依頼をしなくても、あなたの仕事がより良くなるように力を貸してくれたり、温かい言葉をかけて応援してくれたりする人が増えることで、仕事のやりやすさが変わってくるはずです。

実際に、ＳＮＳを活用するための詳しい方法は第３章でご紹介しますが、私への仕事の依頼はＳＮＳを活用することで飛躍的に増えました。

ＳＮＳを活用する前までは、毎月の収入は20万円前後で、ギリギリ赤字にならないくらいの生活が続いていました。ところが、ＳＮＳの運用を開始して3カ月で、ＳＮＳ経由で売上10万円を獲得。さらに、ＳＮＳを活用して4カ月で、ＳＮＳ経由とそれ以外の売上の合計が１００万円を超えました。

ＳＮＳはいつからでも使い始められるため、副業として仕事をする中で時間的、体力的に余裕が出てきたタイミングで仕事用のアカウントを開設して、独立する時にはＳＮＳからも仕事を獲得できる状況になっているのが理想です。

5 副業で月収10万以上稼げるようになるまで、会社を辞めない

副業として、少しでも稼げるようになってくると、自信がついて「このまま会社を辞めても、うまくやっていけるはずだ！」と考えてしまいがちです。

しかし、自分で稼ぐということは、簡単なことではありません。

勢いで会社を辞めても、生活できずに会社員としての働き方に戻る人が多いので、十分な準備をして、盤石な体制を築いてから独立するのがオススメです。

実際に、私が会社員として働いていた時は、カメラマンとして写真撮影の仕事や、サイト制作の仕事を立て続けに受注することができ、副業だけで月収20万円くらいの売上がある月がありました。

その頃は月収20万円あれば1カ月は余裕のある生活を送れましたので、「このまま会社を辞めてもうまくいくのでは？」と感じていましたが、実際に会社を辞めてから、月に20万円を再び稼げるまで時間がかかり、経済的に苦しい生活を長らく送ることになりました。

自分を追い込むことで頑張れるという一面がありますが、適切な準備ができる前に会社を辞めてしまうことは勇気のある行動ではなく、単なる無謀な行動です。

私は独立してから、売上が全くないか、売上が5万円程度しかない時期が長らく続いて、経済的にも精神的にも、だいぶ厳しかったので、その時の経験から会社を独立する前に安定収益と貯金を確保することを強くオススメしています。

貯金がないと精神的な余裕がなく、怒りっぽくなったり、短気になったりしてしまうだけでなく、「宝くじを買って一発逆転しよう」みたいな短絡的な思考に陥りやすいです。

実際に私には、そのような精神状態になってしまい、スクラッチくじを買って一発逆転を狙った、という黒歴史があります。

そうならないためにも、**クラウドソーシングサービスやSNSを活用して月収10万円以上の収入を安定的に稼げるようになっていて、半年間は収入が全くなくても生活できるだけの貯金ができてから、会社を辞めることを考えても良いと思います。**

月に10万円を安定的に稼げているということは、クラウドソーシングサービスやSNSを活用して集客を軌道に乗せられている状況だと思います。

ということは、お客様に「仕事を依頼したい」と思ってもらえるだけのコミュニケーション能力と実績に加え、ある程度、ＳＮＳの影響力があるということですので、会社を辞めて自分一人だけの力だけで生きていくための素地ができているということです。

本業の終業後や土日の限られた時間を使って、副業として月収10万円を安定的に稼げているのであれば、会社を辞めて、事業に使える時間が増えることで、20万、30万円と、生活していく上で最低限必要なお金を稼げるようになるはずです。

ただし、たとえ月収10万円を副業で安定的に稼げていたとしても、独立して１００％の確率で十分な売上を出せるようになるとは限りませんし、万が一、病気になったりして、大型出費が必要になる可能性がゼロではないと思います。だからこそ、半年くらいは無収入でも生きていけるだけの貯金ができてからの独立をオススメしています。

それに、お金を稼ぐためにはお金が必要、という一面もあります。例えば、さらに仕事を増やすためにホームページが必要になったとしたら、誰かにお金を払って作ってもらう必要があります。

その他にも、より質の高い仕事をするために追加投資をした方が良かったり、プロにお金を払って依頼した方が良かったりといった状況も出てくるので、そういった場合にお金があると、仕事の勢いが増すという一面もあります。加えて、会社を辞めると、税金や社会保険料などの計算方法が会社員の頃とは変わってきますし、思わぬ出費も増えるものだからです。

6 軌道に乗っても常に上を目指し続ける

私は学生の頃に、有名な会社を立ち上げた有名な起業家による、学生向けのセミナーや講演会に多く参加してきました。

その時、「仕事がうまく回り始めたタイミングで調子に乗ってしまって、仕事や人付き合いを疎《おろそ》かにしてしまい、苦労した」と話す人が多いのが印象的でした。

そもそも、起業して生き残り続けることが簡単なことではありません。

仮に今日、１００社の会社が立ち上がったとして、10年後にも残っている会社は数社もない、とも言われています。

そのため、ＳＮＳの活用などを通して、月１００万円のお金を稼ぐことができて、仕事が軌道に乗ったと感じても、気を緩めて羽目を外すのは避けた方が良いでしょう。

副業を始めたり独立したりしたばかりの頃は、「会社から独立したい」とか、「生活を安定させたい」という切迫感や危機感から、仕事をガツガツと頑張れると思います。

しかし、仕事がある程度、軌道に乗って、それなりに安定した生活を送れるようになると、「現状維持をするか、それともさらに頑張るか」という2つの選択肢が出てくると思います。

その時は、ぜひとも「軌道に乗っても常に上を目指し続ける」という選択肢を取ってほしいです。


なぜならば、今は仕事が順調かもしれませんが、3年後や5年後も同じように順調であり続けるとは限らないからです。


今の時代、トレンドの推移や技術革新のスピードがとても速く、今の仕事で使っている技術やサービスが今後も同じように使えるとは限りません。

例えば、カメラマン業界でいうと、今まで広告モデルを撮影する仕事がありましたが、生成ＡＩの発達により、モデルの写真をＡＩでコストをかけず大量に作れるようになりました。そのため、広告モデルを撮影する仕事が減っているという事実があります。

また、私はレンタルスペースの集客用写真の撮影をする機会が多いのですが、コロナ禍の収束によってレンタルスペースの利用ニーズが激減しましたので、それによってレンタルスペースの撮影をする仕事が突然減ったということがありました。

この時は、レンタルスペースの撮影をする仕事が収入の9割を占めていましたので、収入が激減し、大変な思いをしました。

この経験から、仕事が順調だからといって、それが永続するわけではないということと、収入を安定させるために、事業を拡大し続けなければならないということを学びました。

また、撮影だけでなく集客改善のコンサルティングや、事業譲渡の仲介などというビジネスを展開することにしました。


また、**いわゆるクライアントワークというビジネスモデルは労働集約型であることが多いため、将来的には労働集約型からの脱却も目指した方が良いです。**

なぜならば、顧客から依頼の多い少ないによって、売上が変わってきてしまうため、月によって売上の変動が激しいという一面があります。

そうなると、来月の売上を予測しづらかったり、常に新しい仕事を開拓し続ける必要があったりして、疲れてしまうことがあります。

労働集約型からの脱却は、豊富なノウハウや資金力が必要とされるため、すぐには難しいかもしれませんが、自分が労働しなくても入ってくる収益源も作ることを心の隅に置いて、仕事に取り組んでいただきたいです。

例えば、私は民泊の集客用の撮影をする機会が多く、民泊に関する知識が増えていましたので、民泊の運営を開始しました。初期費用が数百万円かかってしまいますので、駆け出しの時は手を出せませんでしたが、来月の売上が分かりますし、私が稼働することはメッセージ対応くらいで時間がほとんどかかりませんので、労働集約型から脱却したビジネスモデルだと感じています。

民泊は労働集約型から脱却できますので、良いビジネスだと感じていますが、そうは言っても、国内での災害や疫病、近隣諸国での紛争などが起きてしまうと、収益が激減するというリスクがあります。そのため、民泊以外で労働集約型ではないビジネスの開拓をしなければと考えています。

もちろん、いきなりこのようなことまでイメージするのは大変だと思いますので、まずは今取り組んでいるクライアントワークを伸ばして、少しずつ提供価値の幅を広げることが良いと思います。

しかし、メインの仕事が永久的にうまくいくとも限りませんので、このように仕事の幅をさらに広げて、高みを目指し続けてください。

第3章

クチベタ・コミュ障による営業しない仕事獲得術

営業したくない気持ちこそ、最強の集客術である

あなたは営業するのは得意ですか？

おそらく、本書をお読みのほとんどの方は営業が苦手だったり、営業をやりたくないと思ったりしているのではないでしょうか？

むしろ、営業以前の問題として、人とのコミュニケーションも苦手で、できる限り人との関わりを持たずに生きていきたいと思っている人が多いかもしれません。

実際に私がまさにそうでした。

アスペルガー症候群で人との距離感の取り方が分からなかったり、空気や行間を読むのが苦手だったりしたので、人とのコミュニケーションが苦手で、コンプレックスを持っていました。

日常会話でさえもままならない状態でしたので、人に何かをオススメして、買っていた

だく、営業という行為ができるとは考えていませんでした。
「営業をできない！」「営業をしたくない！」という強い思いや危機感があったため、営業せずに仕事を獲得する方法を考えました。そして、「ＳＮＳを活用したプル型集客」をしようと思い至り、結果として、この方法がうまくいきました。

この方法のおかげで、今は月に１００万円以上を稼げるようになっています。

ＳＮＳを活用したプル型集客とは、ＳＮＳで認知度と権威性を獲得することで、自分から営業をかけずともお客様から依頼が来る仕組みのことです。

この手法のメリットとして、「営業が不要」ということと、「効率性」が挙げられます。

まず、営業しなくても仕事を獲得できる仕組みとして考えたものですので、「営業が不要」はイメージしやすいと思います。

文章を投稿するだけで仕事につながりますので、人とのコミュニケーションや、営業活動が苦手な人にとって、強烈なメリットだと思います。

対面での会話が苦手だったとしても、じっくり考えた文章を投稿するだけ良いので、人付き合いが苦手な私でも問題なく行えました。

一方の「効率性」に関しては、ＳＮＳを活用すると、ひとつのＳＮＳ投稿で数百、数千、数万人に投稿を読んでもらえる可能性があるということです。電話営業をする場合、１日に電話できる上限は１００社程度でしょうから、それと比べると、効率よく、自分のことを知ってもらったり、すごいと思ってもらったりすることができます。

実際に様々な大企業や中小企業、個人がＳＮＳ運用をしているのは、ＳＮＳによって売上が伸びることが実証されているからです。

私もSNSを開始したことで、月に100万円を稼げるようになり、仕事はもちろんですが、人生も劇的により良くなりましたので、SNSの活用を始めることをオススメします。

特にコミュニケーションが苦手な方こそ有効だと思います。

本章では、ＳＮＳを活用したプル型集客の仕組みについて、これから詳しくご紹介していきます。

3C分析で、集客の要となるポジショニングを決める

私は人とのコミュニケーションが苦手で営業活動なんて全くできなかったですし、そもそも会社をクビのような形で辞めたのも、コミュニケーション面のすれ違いが原因のひとつでした。

そんな私でも「SNSを活用したプル型集客」を開始して、効果が極めて大きかったので、あなたが仕事をさらに増やしたいと思った時も、ぜひ活用していただきたいと考えています。

ただし、無計画にSNSを運用しても、集客にはつながりません。

実際に、「SNSは集客に良いらしい」ということを耳にしてSNS運用を開始したものの、効果が出ずに数週間で更新がストップする、という事例は数え切れないほどあります。

そうならないためにも、SNSを活用したいのであれば、「3C分析」を使いこなし、

最適なポジショニングをしていただきたいと考えています。

3C分析については後ほど詳しく解説しますが、**3C分析をして適切なポジショニングができれば、SNS上に数多くある有象無象のアカウントとの差別化ができ、あなたの存在をSNS上で目立たせることができるからです。**

ポジショニングや3C分析という単語は、マーケティングの本の最初の方に出てくるような基本的なワードですので、目にしたことがあるかもしれません。

マーケティングにおいて、基本中の基本みたいな考え方ですが、SNS運用に限らず、この考え方を活用することで大きな効果をもたらしてくれます。例えば、新しい事業をスタートする時や、会社勤めの方であれば、同僚との差別化を図り社内で活躍する戦略を考える時など、様々なケースで役立ちます。

実際に、私がSNSで短期間で実績をあげられたのは、3C分析をして適切なポジショニングが図れたおかげですし、私の会社で運営している民泊が地域の中でもトップレベルの売上を出せているのも、同じく3C分析をした上で適切なポジショニングを図れているからです。

また、最近は名古屋で民泊の運用代行と清掃の会社を立ち上げたのですが、それも3C

分析で緻密に分析した結果、勝機が大いにあることが分かったからです。

まず、ポジショニングの必要性を、カメラマンがＳＮＳを使って集客をするケースで考えてみたいと思います。

次に挙げたＡさんとＢさん、どちらの方がＳＮＳで集客をできると思いますか？

Ａさん：ニックネームと猫のアイコンを使い、自分が撮影した写真をＳＮＳで投稿している。

Ｂさん：「店舗集客に強いカメラマン」という肩書きで、店舗集客に役立つ写真を使った戦略を、自分が撮影した写真を使って解説している。

言わずもがなですが、ＳＮＳを使って集客しやすいのはＢさんです。

Ｂさんは「店舗集客に強いカメラマン」というポジショニングを取っていて、自分の顧客となりうる「店舗経営者＝ターゲット」に対して価値のある情報を発信しているため、Ｂさんのｓｎｓはターゲットの間で話題になって認知度が上がるでしょう。そして、有益な情報発信がされているため、「Bさんに撮影を依頼すれば集客が伸びそうだ！」と思ってもらえて仕事につながりやすいです。

これは、私が実際に取った戦略です。

私はAさんのように戦略が全くない状態でＳＮＳ運用をしていましたが、ポジショニングを意識してＳＮＳの運用方針をガラッと変えてから、短期間で次のような成果を出すことができました。

■ポジショニング設定後のＳＮＳ運用の成果

- ＳＮＳを開始して2カ月で：ＳＮＳ経由で初めての依頼があり、上場企業でセミナー登壇。
- ＳＮＳを開始して３カ月で：ＳＮＳ経由で月収10万円を獲得。
- ＳＮＳを開始して４カ月で：月収１００万円達成。

このように、ＳＮＳもポジショニング戦略の有無で劇的に効果が変わってきますので、ポジショニングと、それを考える上で必要な３Ｃ分析について解説します。

まず、ここでポジショニングの定義を確認しますと、次のようになります。

■ポジショニング……SNSやビジネスを行う上で、自社が取る立ち位置（ポジション）を決めること。

例えば、スターバックスは「比較的安価で、居心地の良い雰囲気と、美味しく豊富なドリンク類を提供する」というポジショニングをしています。

そのため、コーヒーチェーン店が多いですが、恋人とのデートや、友人とゆっくり話したい時に「居心地が良くて、ゆっくり話せそう」というイメージのあるスターバックスに行く人が多いと思います。

このように、**ポジショニングをしっかりしていることで、特定の状況下で自社のことを思いついてもらえて、自社サービスを利用してくれたり、依頼をしてくれたりといったことが起こりやすくなります。**

今の時代は、似たようなサービスや商品を扱う企業や個人が多いです。つまり、どの業界も競争相手が多い市場（レッドオーシャン）と言えますが、適切なポジショニングをすることで、レッドオーシャンから抜け出して、自社だけの独占市場を作ることができます。

そして、そんなポジショニングを考える時に有効なのが、次のような「3C分析」というフレームワークです。

■3C分析……「カスタマー(Customer)：市場、顧客」「コンペティター(Competitor)：競合」「カンパニー（Company）：自社」の3つの観点で物事を考えるフレームワークです。それぞれの頭文字がCなので、3C分析と言われています。

それでは、3つの観点についてそれぞれ詳しく見ていきます。

①カスタマー（Customer）：市場、顧客……まず、あなたには、これからやっていく（あるいは、既にやっている）サービスや商品があると思います。そのサービスや商品を購入する見込みのある人のことを徹底的に考えてみましょう。例えば、予算感や、課題に感じていること、行動スタイル、趣味嗜好などです。また、市場についても考えることが重要です。「今、伸びている市場なのか？　それとも、もう縮小している市場なのか？」などです。

②コンペティター（Competitor）：競合……あなたのサービスや商品には、全く同じではないかもしれませんが、似たようなサービスや商品を提供している会社や個人がいると思います。また、似ているサービスや商品ではなくても、顧客が同じという事業者もいるのではないかと思います。ここでは、そのような同業者、競合を分析します。競合のサービス内容の詳細や、金額、キャッチコピー、強み、営業方法、ブランディング方法などを調べると良いです。仮に大企業が似たようなサービスをしていても、細かく調べてみると、自分の強みを活かせて、競合と差別化を図れるポジションがあるかもしれません。

③カンパニー（Company）：自社……ここでは、自分（自社）のサービスや商品について考えます。例えば、今までの実績や、自分の強みや弱み、競合と比べて優位なことや劣っていることなどです。

それでは、これらの3つの視点を使って、どのように分析をするのか、実際に私が行ったことを紹介します。

当時の私は、誕生日会や懇親会などを行うスペースの時間貸しを行うレンタルスペースの業界で、集客サイトに掲載するための写真撮影に関する実績を積み重ねていたため、この業界での撮影仕事を増やしたいと考え、分析を行いました。

①カスタマー（Customer）：市場、顧客

- 新しくレンタルスペースを開業する時に、集客サイトに掲載するための写真が必要。
  ↓当時は、スマホを使って自分で写真を撮影する人が多かった。

  ↓できる限り初期費用を抑えることで利益が増えるため、撮影にお金をかけるという発想を持っている人が少なかったため。
- 月の利益は5~10万円くらいの人がボリュームゾーン。
  ↓写真撮影料金がそれ以上の金額の場合、割高感がある。
- 誰もが売上をさらに高めたいと考えている。
- X（旧Twitter）上でレンタルスペースを運営している人たちが一定数いて、ある種の村（コミュニティ）が存在している。
  ↓このコミュニティに発信していくことで、ターゲットとなり得るレンタルスペース運営者にアプローチできる。

  ↓X以外のSNS上にはレンタルスペースを運営している人たちは少ないため、集客のために取り組むのであればXしかない。

- レンタルスペースブームが来ていて、新規に開業する人が多い
　↓市場が盛り上がっている
- レンタルスペースの集客サイト運営会社が東証マザーズ市場（現グロース市場）に上場
　↓株式市場からも、市場規模や市場の成長性を評価されている。

②コンペティター（Competitor）：競合

- 存在しない
　↓その当時はレンタルスペースの撮影をするカメラマンや、写真に関する発信する人は存在しなかった。

　↓もし競合がいたとしたら、それまでの実績や競合、写真の質などを調べた上で、自社の強みが活きるよう差別化を図る。

③カンパニー（Company）：自社

- 業界で最多の撮影実績

↓当時は60件の撮影実績があり、業界では最も多い撮影件数。
↓60件の撮影を通して、売上を上げるための撮影ノウハウや、内装、装飾に関するノウハウを多く持っていた。

・IT系出身
↓通常、カメラマンは撮影の専門学校などを出て、撮影畑一筋の人が多いが、私はIT出身でネットサービスの活用やウェブマーケティングに強かったため、「キレイな写真」ではなく「売れる写真」という観点で写真撮影をしていた。
↓ターゲットと同じ視点で「売上を高める」という目的で写真撮影について語れるのが強みとなり得た。

これらの分析を元に、「レンタルスペース専門カメラマン」というポジショニングをすることにしました。

また、3C分析の結果として、SNSの運用方針はこのようにしました。

・Xで、
・売上を高めるノウハウを、

・「レンタルスペース専門カメラマン」として発信する。

顧客となり得る人たちはXを活用することでアプローチしやすく、誰もが売上をさらに高めたいと考えていました。

そして、その当時は写真という観点で情報発信をするレンタルスペース関係者はいなかったので、写真を使って売上を伸ばせる方法を日々発信し続けました。

その結果、SNSを開始してわずか2カ月で上場企業のセミナーに登壇でき、4カ月後には月収100万円を達成しました。

なお、**「カスタマー（Customer）：市場、顧客」については、釣りをイメージすると分かりやすいです。**

魚が全くいない釣り堀に糸を垂らしても全く魚が釣れなくて、逆に魚がたくさんいる釣り堀であれば、釣りのスキルが高くなくても魚を釣り上げることができると思います。

これと同じで、自分が始めようと考えている、もしくは既に取り組み始めているサービスや商品の市場の規模感によって、自社の売上が変わってきます。

例えば、私が、先ほど分析例として挙げたレンタルスペース業界を相手にしていた時には、実は、安定的に高い売上を保つのに大いに苦労していました。一方で、民泊業界を相手にしている今は、高い売上を出すのが容易になっています。

その理由がまさに、市場規模と市場の景気です。

市場規模が大きかったり、市場の景気が良かったりする時には、単純にビジネスチャンスや顧客となり得る層や予算感が増えます。逆に、市場規模が小さかったり、市場の景気が悪かったりすると、顧客を得るのが難しく予算感が縮小し、単価が下がります。

レンタルスペース業界の市場規模はそこまで大きくなく、成長期を脱していましたが、民泊業界はレンタルスペースの数倍の市場規模があり、ちょうどバブルのような状態ですので、顧客との接点を作りやすく、単価も高い傾向がありました。

そのため、今のタイミングでカスタマーを分析してみると、レンタルスペース業界より民泊業界で仕事をした方が良いという結論になります。

成功の秘訣は、努力と真心。発達障害の人にこそ向いている仕事がある

ビジネスを成功させるためには、何でもできるスーパーマンみたいな人間でなければならないと思ってしまいがちです。

具体的には、高いコミュニケーション能力を持っていて、人とコネクションを作るのがうまく、社交的で誰からも愛される存在であれば、ビジネスを成功できそうな感じがすると思います。

しかし、過去の私もそうでしたが、発達障害の方は、空気を読んだり、気の利いたことを言ったりして、人から気に入られることを苦手とする人が多いのではないでしょうか。

そうなると、発達障害の自分でもビジネスをうまくやっていけるのか、と不安に思うことがあると思います。

実際に、過去の私も同じ悩みを持っていました。

たしかに、社交的でいつも会話の中心みたいな存在であった方が何かと得することが多いかもしれません。

しかし、**社交的でなく、飲み会では一言も話せなくて、気の利いたことを言えない人であったとしても、目の前の仕事に一生懸命取り組んでいれば、気に入ってくれる人が現れ仕事のチャンスが舞い込んでくるようになります。**

ビジネスでは「売上を伸ばしたい」などの明確な目的があって、人に仕事を依頼しますので、仕事の質が高いことがコミュニケーション能力の有無より大事です。

実際に、いわゆる職人仕事をする方々は、口下手な人が多いイメージありますが、仕事の質が高いからこそ、依頼がひっきりなしにくるのだと思います。

あなたも、同じように、目の前の仕事を頑張り、お客様の期待を超える働きをし続ければ良いのです。

そうすれば、たとえあなたが口下手だったとしても、リピートやクチコミ、紹介が広がり、仕事が増えますし、あなたのファンが増えるでしょう。

お客様に対して、できる限り高い価値を提供しようという心持ちが大事ですが、そうは言っても、具体的にどのような努力をすれば良いのかイメージしにくいと思います。**あなたが仕事をする時は、「できる限りお客様の期待値を大いに上回る働きをする」ということと、「提供できる価値はたくさんある」ということを意識していただきたいです。**

例えば、写真撮影であれば、撮影場所や時間の調整がスムーズだったり、撮影自体が楽しかったりしたら、それもお客様に提供できる価値の１つです。

本来の依頼目的である写真の質が高いことはもちろん大事ですが、このように写真の質以外に提供できる価値が多ければ多いほど、合計点が高くなりますので、お客様が喜んでくれたり感動してくれたりする機会が増えるでしょう。

例えば、私がお客様から「集客力が増える写真がほしい」という目的で、店舗撮影の依頼をいただいた時は、集客力が増える写真の提供だけでなく、下記のような価値を提供するよう心がけています。

■提供価値

- 集客力が増える写真
- 撮影日や概要、内容をできる限りスムーズに決めることで、相手の負担を減らす

・撮影のディレクションや撮影時の同席をしなくても良い、とすることで相手の負担を減らす
・自社で検証して、集客力が上がる施策やノウハウを紹介することで、集客力の最大化に貢献する
・手間を減らす運営ノウハウを共有することで、運営の効率化に貢献する
・運営に関する疑問を答えることで、不安感を解消する
・清潔感のある服装をする
・お客様が運営する店舗の魅力を伝える

このように、お客様は「集客力が増える写真がほしい」と思って撮影を依頼してくれていますが、私は集客力が増える写真の納品以外に、集客や店舗経営に関するノウハウの提供や撮影の時間を心地よく過ごしてもらうための工夫など、多岐にわたる価値を提供しようと考えています。そして、実際に「ここまで価値を提供してくれるとは思わなかった」という声を多くいただき、色々な方をご紹介いただけるようになりました。

また、人が心を動かされる要因は、高いコミュニケーション能力や質の高い仕事以外に

も複数あると考えています。

もちろん、これらの質が高ければ高い方が良いですが、たとえ仕事の質がそこそこだったとしても、お客様のために全力を尽くそうとする姿勢に感動を覚えて、応援しようと思ってくれる人は少なからずいます。

私には「お客様に貢献しなければならない」という強いこだわりというか切迫感がありますので、その感覚を持って仕事をすることで、独立当初の私は仕事の質が高くなかったものの、応援してくれる人が意外にも多かったです。

目の前のことを一生懸命やり続けることで、仕事の質が高まりますし、その姿勢に好感を持ち応援してくれる人が現れます。そして、そのようにして、あなたのファンになってくれる人が現れたら、その縁で次のステキな仕事やお客様との出会いなどにつながるはずです。

一番の理想は、一言で凄さが伝わる実績を獲得すること

あなたも「モンドセレクション金賞」や「顧客満足度ナンバー1」などという売り文句を一度は目にしたことがあると思います。どうして、こうも「ナンバー1」や「〇〇受賞」などの売り文句が世の中に溢れているのでしょうか？

それは、今の時代は、情報や商品、サービスが大量にありますので、その中で、競合の商品やサービスと差別化を図ったり、買う前の不安感を減らしたりするなどして、購買へつなげるためです。

単純な話、商品やサービスを買う時に「モンドセレクション金賞」「顧客満足度ナンバー1」「業界トップシェア」などという謳《うた》い文句がある場合、何かしらの賞を受賞していたり、人気がある商品であったりすれば、質は良いのだと感じるはずです。その結果、購入する確率が高まります。

このように、自社サービスや商品のブランド力を向上させる活動のことをブランディン

グと言いますが、**ブランディングをすることで、サービスや商品が購買される可能性を高めることができます。**

ですから、これから会社から独立して自分の商品やサービスを提供する側の立場になるのであれば、ブランディングを有効活用することが重要だと言えます。

また、**発達障害の人は、強烈な強みを持ちつつも、同じように強烈な弱点を持っている場合がありますので、ブランド力があることで弱点による悪影響を小さくできるという利点があります。**

繰り返しになりますが、私はアスペルガー症候群で人とのコミュニケーションは大の苦手でしたので、営業活動や飲み会で人に好印象を与える、ということができませんでしたが、ブランディングを意識して行動してきたおかげで、弱点が多くあるものの、それ以上に私に価値があるように見てもらえるようになりました。

その結果、ＳＮＳのフォロワー数が伸びたり、営業活動を全く行わなくても仕事の依頼がひっきりなしに獲得できるようになりましたので、ブランディングによる影響は計り知れません。

では、どうすればブランディングを進められるでしょうか？

まずは、手っ取り早く、自分の権威性を高めることに注力することがオススメです。

できる限り、自分や自社の権威性が高まる実績を意図的に獲得し、既にある実績も表現を良くして伝えます。

一番の理想は、一言で凄《すご》さが伝わる実績を獲得することです。

例えば、「日本1位」だったり、「有名メディアでの記事掲載」「大学での講演」「一流企業でのセミナー」「本の出版」などです。

これらの実績を獲得することは難しいですが、その中で唯一、「日本1位」という実績は他と比較して若干、獲得しやすいかもしれません。自分の実績をニッチな分野で考えてみることで、意外と日本1位を取れるかもしれないからです。

例えば、私がXの運用を始めた頃は、カメラマンとしての実績が多い方ではなかったですが、「不動産撮影」というジャンルの中の、「レンタルスペースの集客用撮影」という、とても小さい分野では1位を獲得できていました。

実際に、Xのプロフィールで「レンタルスペース撮影60件」という実績を「レンタルスペース撮影件数 日本1位」という分かりやすい実績に変えてから、Xのインプレッション（タイムラインに表示された回数）やいいね数、コメント数が増えたと実感しています。

しかし、そうは言っても、やはり日本1位を獲得するのは難しいですので、その場合は、表現を変えて、すごそうにするのがオススメです。

誇大広告にならないように誠実さ、情報の正確さには気をつけるべきですが、例えば、プロフィール文章を作る際に、「○○に定評がある」「前職では惜しまれつつも、○○という思いがあり退職」「○○に抜擢《ばってき》される」などと、定性的な表現を有効活用するのです。

ある会社で営業として働いている人から、「東日本エリアでの営業実績3位」という実績を活用して、ブランディング効果があったという話を聞いたことがあります。「東日本エリア3位」というと、対外的にはすごそうに見えますが、内実は、東日本エリアの営業は3人しかおらず、3人中の3位、ということでした。小手先のテクニックではありますが、実績が少ない期間はそのようなテクニックも有効かもしれません。

その他、意図的に権威性の獲得をするために自分から動くという考え方もあります。

基本的に、人は教える立場に対して、権威性を感じますので、ある程度の規模のセミナーや講演などを開催することができれば、それだけで権威性を獲得できるでしょう。

おそらく、あなたは競合が少なく自分の強みを活かしたポジションを見つけられていると思いますので、その分野においてあなたが一番詳しいはずです。
そして、同じ業界で顔が広かったり、普段からセミナーをやっていたりする人がいると思います。その人となんとか接点を作り、コラボセミナーをやると良いでしょう。

まずは、あなたが詳しい内容を、コラボする人の顧客に価値がある内容に組み替えて提案するのがオススメです。

「〇〇さんのお客様には△△というニーズがあると思うのですが、このテーマでしたら私は実績があってノウハウもあるので、一緒にセミナーをやったら価値があると考えています。〇〇さんのお客様にとって価値があると思うので、△△というテーマで一緒にセミナーをやりませんか？」みたいな感じです。

こればかりは、営業とまでは言いませんがコミュニケーション能力が必要とされますので、ハードルが上がるかもしれませんが、セミナーをやっている方はコンテンツに悩みがちですので、そういった場合はコラボできるでしょう。

また、セミナーが理想ですが、YouTubeで発信している人の動画に出演するのも有効です。

「素直さ」「誠実さ」「謙虚さ」で成功確率を上げる

短期的ではなく長期的に成功し続けたいのであれば、道徳は絶対に必要です。

今の時代、「義理人情」や「筋を通す」なんていらないと思いがちですが、ビジネスは今でも「義理人情」や「筋を通す」ことで成り立っています。

ネットやSNSで、道徳とはかけ離れた行動をして成功を収めている人を目にするかもしれませんが、ただ虚勢を張っているだけだったり、一過性の成功でしかありません。

成功してから道徳的に振る舞うのではなく、成功する前から道徳的に行動するからこそ、成功できるのです。

正確に表現すると、道徳的に行動するからこそ、周囲の人があなたのことを応援してくれて、色々なことを教えてくれたり、助けてくれたり、人を紹介してくれたりします。

それらの支えがあることで、あなたのビジネスが発展して成功へと導かれます。

発達障害を抱えている人は、苦手なことが少なからずあったり、意図せず人に迷惑をか

けてしまったりすることもあると思います。しかし、そのような弱点をひっくり返してくれるのが、道徳的に良く生きることです。

もしあなたが圧倒的な天才で、全てのことを自分一人の力でできて、誰かの妨害があっても全く問題ありません、ということでしたら話は別です。

しかし、そうでないのであれば、道徳的に生きた方が成功確率が高まります。

例えば、礼儀正しい人と、失礼な人であれば、どちらを応援したいですか？ いつも嘘《うそ》をついてごまかす人や、偉ぶっている人を応援したいと思いますか？

当然のことながら、礼儀正しい人のことを応援したいと考えると思いますし、嘘をついたり偉ぶっている人のことは応援したいと思えないはずです。

道徳的に生きると言っても漠然としていますので、これからビジネスをスタートさせて成功したいのであれば、「素直さ」「誠実さ」「謙虚さ」を大事にしてください。

1 ― 素直さ

私が学生の頃に、有名な会社を創業した社長による学生向けの講演会に多く足を運んだところ、ほとんどの方が「素直さが大事」ということを語っていました。

ビジネスを行う上で、信用が最も大事です。

そのため、「何を考えているのか分からない」「自分のことを裏切るかもしれない」という人より、「素直で純粋」という人の方が信用されやすいですし、応援されやすいです。

人のアドバイスを素直に聞いたり、自分に何か非がある時に素直に謝ることなどは、たとえ発達障害で何かしら苦手なことがあったとしても、誰でもできるはずです。

「そんな当たり前のことを言われても、当たり前すぎて意味ないでしょ」と思われるかもしれませんが、ビジネスをしていると、意外にも素直に振る舞えない人が多くいることに驚きます。例えば、納期を遅れたとしても、適当な言い訳を言って、頑なに謝らない人が意外と多いです。

たとえ、自分の中で何か言い訳があったのだとしても、自分に少しでも非があるのであれば、言い訳したい気持ちをグッと堪《こら》えて、「ご迷惑をおかけしてしまい、申し訳ございません」と謝った方が良いです。

あなたがミスをしても、意外と相手はそこまで怒っていないので、素直に謝れば気持ち良く許してくれますが、頑なに謝ることを回避し続けて適当な対応をし続けると、相手の怒りの度合いが高まってしまうのです。

他にも、例えば後輩に本を紹介した時に、すぐに「オススメいただいた本を買ってみました！」みたいなメッセージをくれる人がいたら、好感を持つはずです。相手も同じですので、**人から何かアドバイスなどをされた時は、素直にやってみることがオススメです。**

2 誠実さ

誠実さは、私が仕事をする上で一番大事にしていることです。

私は頭が良くなく、人とのコミュニケーションが苦手ですし、その他にも苦手なこと、できないこと、至らないことが大量にありますが、今仕事がうまくいっているのは多くの方が応援してくれたからです。

自分の実力はちっぽけですが、それでも私のことを上に押し上げようとしてくれたり、引っ張り上げようとしてくれたりする方々が幸運にも多くいるため、私でも仕事を軌道に乗せることができたと感じています。

このことから逆算すると、誠実さを大事にすることで、自分のことを応援してくれたり、ファンになってくれたりする方が増えるため、その方々から人や機会、情報を提供してもらえて、それによって仕事が増えたり、自分の知見が広がったり、できることが増えるのだと思います。

実際に、名古屋で新しい会社を立ち上げたところ、多くの方が力を貸してくれ、仕事のご依頼をいただいています。これも今までコツコツと誠実に振る舞って信頼をため続けたからだと考えています。

誠実さによるメリットは目に見えないですし、効果が表れるまで時間がかかってしまうかもしれません。でも、**ビジネスは何より信頼が大事。誠実に振る舞い続けていれば信頼がたまり、それによって、いつか何か助けが必要になった時や、新しいチャレンジをする時などに結果として表れるはずです。**

3―謙虚さ

応援され続ける、敵を作らないという観点で、常に謙虚さを持つことが極めて重要です。

謙虚と真逆の状態である傲慢だったり、偉そうにしている人を応援したいと思えないはずですし、少し仕事がうまくいって偉そうになってしまった姿を見たら、応援するのをやめようと思ってしまうのではないでしょうか。

また、敵を作らない、ということも極めて重要です。

やはり、時間や精神的な負担という観点で、不要な争いは起こさない方が良いですし、最短で前に進みたいと思っても、敵がいると、それを妨害されたり、足を引っ張られたりしてしまいます。

また、明白な敵でなかったとしても、あなたの仕事がうまくいっている時に嫉妬してくるような人が多い時は極めて危険です。明白な妨害行為をしてこないとも限らないですし、将来的に敵になってくる可能性があります。

あなたの仕事がうまくいった時に、嫉妬するのではなく、「本当によかったね」と称賛してくれる人が多い方が、健全な状態だと思います。そうなるように、仕事がうまくいっている時こそ謙虚さを大事にした方が良いと考えています。

偉そうにしない。初心を忘れずに、自分の能力に慢心せず、目の前の仕事に一生懸命取り組む。どんなにビジネスが拡大したとしても、このような気持ちを持ち続けている人には、人は好感を持ち続けますし、その状態が続ければ、さらに応援し続けてくれて、さらに大きな成長を得られるはずです。

毒舌、ネガティブキャラは集客できない

リアルの場でもSNS上でも、ネガティブな話題の方が盛り上がりやすいという側面があるかもしれませんが、完全に悪手です。

あなたの仕事がより良くなるために、応援されることは必要不可欠です。あなたが応援してもらいたいと考えるのであれば、毒舌やネガティブキャラはやめた方が良いでしょう。

私を含め、アスペルガー症候群の人は人との適切な距離感を測れなかったり、空気や行間を読んだりするのが苦手だと言われています。

そのため、私は人とのコミュニケーションが苦手で、学生時代は浮いてしまうことが多かったです。

そのような、人との距離感を測るのが苦手な人にとって、毒舌やネガティブな話題は魅力的なものだと言えます。普通の話題だと、自分の話に耳を貸してくれなかったとしても、

毒舌だったり、ネガティブなこと、極端なことを言うと、人が自分の話に耳を貸してくれることがあるからです。

実際に、SNS上ではネガティブだったり極端だったりする話題、賛否が分かれる話題はインプレッションが伸びることが多いです。

インプレッションが伸びると、今まで注目された経験がない人は、嬉しくなって、また極端な投稿をしてみてしまい、それがエスカレートしてしまいかねないのです。そうすると、一時的にインプレッションが増えて、自己肯定感が満たされるかもしれませんが、気がついたら「ネガティブで極端なことばかり言う人間だ」と思われてしまって、人から見放されてしまうことが起こりえます。

私がSNS上で付き合いがある人が、ある日、たまたま攻撃的な内容をXで投稿したところ、インプレッションが増えて、それ以降、同じような攻撃的な投稿が増えた、ということがありました。

その人はインプレッションが増えたことに気を良くしたのかもしれませんが、攻撃の矛先が自分に向かないとも限らないので、人として信頼できなく、仕事を一緒にすることは難しいと感じてしまいました。

そう感じたのは私一人だけではなかったので、その人はインプレッションが増えたものの、大切な信頼を失ってしまったのです。

私を含めてアスペルガー症候群の方はこのような失敗をしてしまいがちなので、特に注意が必要です。

SNSでもリアルの場でも、ネガティブなこと、極端なこと、賛否両論なことは話題にせず、明るくポジティブな話題を投稿するキャラクターでいた方が良いです。

また、政治や宗教の話題も賛否が分かれますので、極力しないことをオススメします。

とはいえ、時には体調の悪化や気分の浮き沈みもあり、常にポジティブであり続けることは難しいと思います。たまらなくイライラしてしまったり、人の悪口を言いたくなる時も、少なからずあると思いますが、そういった時は、人と距離を取ったり、SNSをやらないようにしましょう。

私は睡眠時間が短かったり、忙しすぎる時は攻撃的になりがちなので、そういった時はSNSを触らず、ご飯をたくさん食べて、早めに寝たり、笑うことで気分転換になりますので、お笑いのバラエティ番組を観るようにしています。

それだけでも、イライラや攻撃性がなくなり、健全な精神状態に戻れるはずです。

SNSのアルゴリズム理解が自分の影響力を高めてくれる

SNSを集客に活かすには、SNSのアルゴリズムを勉強して、それを使いこなすことが重要です。

アルゴリズムとは、データ処理などを行う際のルールのことで、X、Facebook、YouTube、Instagram、TikTokなどのSNSは、それぞれに独自のアルゴリズムに基づいて投稿や動画を処理しています。

そのアルゴリズムを理解することで、より多くの人に表示されるようにSNS発信の方法を工夫できるようになります。

SNSのアルゴリズムは、「SNS名　アルゴリズム」でネット検索すれば詳しく調べることができます。

その他、『SNS名　攻略』みたいな本でも体系的に学ぶことができるのでオススメできますが、本は情報が若干古いこともありますので注意が必要です。

私は主にXを活用していますので、Xのアルゴリズムを紹介します。

■アルゴリズム的に優遇される投稿

- 画像・動画付きの投稿
- 140文字以上で長文の投稿
- 滞在時間が長い投稿
- コメントや「いいね」が多い投稿
- プロフィールへの遷移が多い投稿

■アルゴリズム的に評価されない投稿

- リンク付きの投稿
- ブロックやミュートなど、ネガティブな反応をされた投稿

これらのアルゴリズムを意識した上で、ターゲットに評価される投稿をブラッシュアップし続けて投稿し続ける必要があります。

例えば、私がX運用を本格的にスタートしようと考えた際に、練りに練った投稿（下図参照）をして、それが少しだけバズったという経験がありますが、その時に考えたのは次のようなことです。

まず、Xでは画像付きの投稿が優遇されるため、写真のある投稿にしてみました。

写真は最大4枚まで載せられますが、2枚の方が表示される画像の面積が広く、インパクトが強くなると考えたため、2枚だけを掲載しました。

そして、コメント数が多いとアルゴリズム的に優遇されますので、コメントしてもらえるよう「ニーズあるんだろうか。。。」と書いてみました。

いわゆる漢文の反語のように、「ニーズあるんだろうか。。。」という疑問に対して、「い

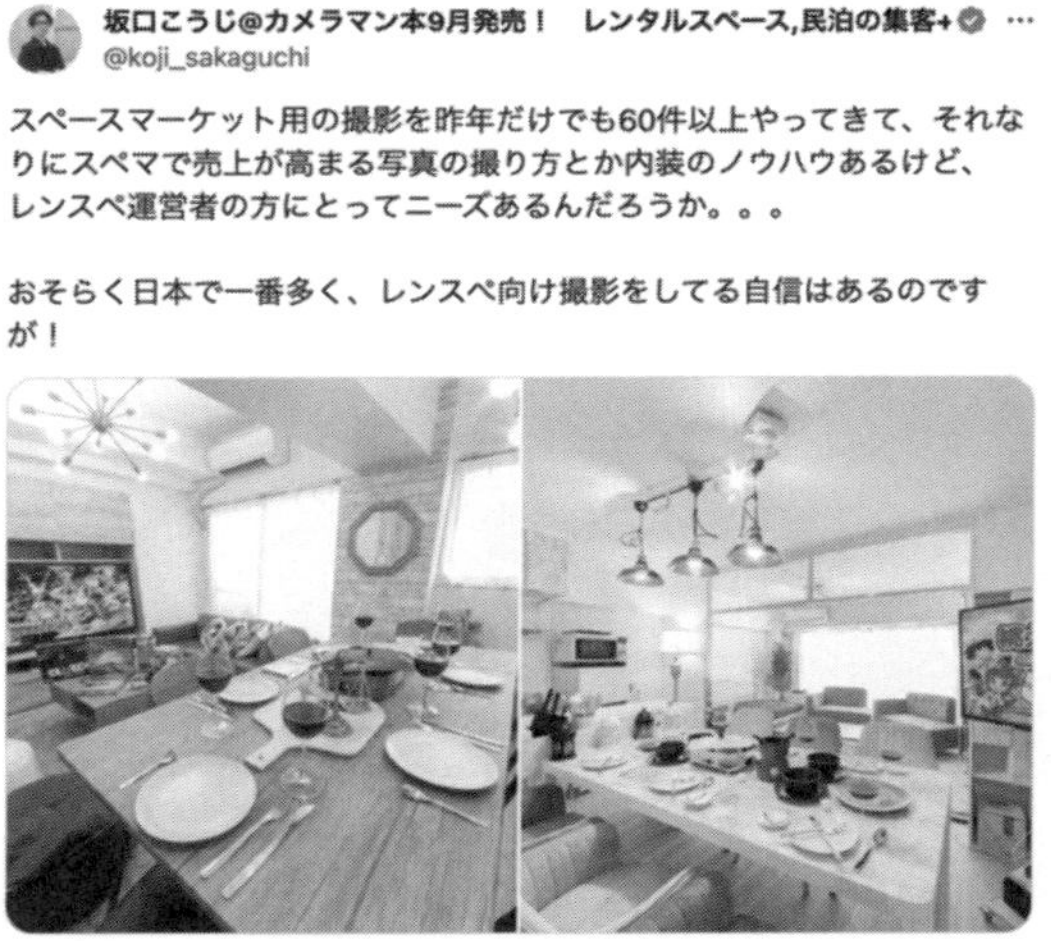

や、絶対にありますよ！」というコメントをしてもらえると考えたからです。

また、たくさんのフォロワーがいるインフルエンサーの投稿を分析することで、そのインフルエンサーにリポストなどで拡散してもらう可能性を高めることが可能になります。

例えば、とあるインフルエンサーが特定の単語が入った投稿をリポストすることが多いということに気がついた際には、その人にリポストしてもらえるよう、その単語も入れた投稿をポストしてみました。すると、狙い通り、その人が最初に見つけてリポストしてくれて、それがさらに拡散されるようになりました。

アカウントの属性によっても異なりますが、私がビジネス用で運営しているXアカウントでは、有益な情報が含まれる投稿と、共感を呼ぶ投稿が伸びる傾向があります。

有益な情報が含まれる投稿は、「いいね」を多く獲得できるため、アルゴリズム的に良いと思われます。

また、共感を呼ぶ投稿は、コメントを多く獲得できるため、いいね数が少なくてもインプレッションが伸びる傾向が強いです。

このように、ＳＮＳを運用する上では、基本となるアルゴリズムに関する情報を頭に入れた上で、自分のフォロワーや視聴者の属性や趣味嗜好などを鑑みて投稿内容を工夫することが重要です。

また、SNSの投稿を伸ばす上で、アルゴリズムの他に「継続」も大事にしていただきたいです。

せっかくアルゴリズムに沿ってバズる投稿をできたとしても、継続しなければフォロワーや視聴者数も、SNS上の影響力も増えることはありません。そうなると、SNSを通して仕事を獲得できるようにするという本来の目的を達成できません。

SNSを途中でやめてしまう理由のほとんどは、反応がないことに耐えきれないことだと思います。SNSを始めた当初は、あなたの認知度が低くフォロワーや視聴者数が少ないため、いいねもインプレッションも伸びず、精神的に厳しいと思います。

SNS運用に挫けそうになった時は、リアクションを送り合う、ということがオススメです。

やはり、コメントなどのリアクションがあれば、嬉しいものだと思います。あなただけでなく、他の人も同じ気持ちを持っていますので、人の投稿にリアクションをつけることで、あなたが認知されて、好意を持ってもらえて、あなたの投稿にもリアクションをつけてもらえるようになります。

そうなると、少しずつあなたの投稿に対してリアクションが増えて、精神的に楽になりますし、コメントが多いことはアルゴリズム的にも良いので、あなたの投稿がさらに多くの人に表示されて、あなたの認知度や影響力がさらに増えるはずです。

ただし、コメントをする際は「〇〇さん、おはようございます!」みたいな意味のない内容だと薄っぺらい人間で、交流する価値がないと思われてしまいますので、相手の発信内容に沿ったコメントや、相手が求めているコメントをするように心がけてください。

有益なノウハウは公開した方が、逆にノウハウがたまる

最近は、自分のちょっとしたノウハウや情報を数百円の有料記事や動画教材などの形で販売する人をSNSなどで見かける機会が多くなりました。

そうして有益なノウハウや情報を有料記事などの形で販売すると、うまくいけば、手っ取り早く数万円や数十万円を稼げるかもしれません。

しかし、それは信用を安売りしているとも言えないでしょうか。

もちろん、ノウハウや情報の質が高く、教育業として本格的に売り出すのであれば良いと思います。その商材で期待値以上の圧倒的な価値を届けられれば話は別ですが、そこそこの金額でそこそこの内容であった場合、もう二度とあなたの商品を買ってもらえることはないでしょう。それではビジネスを続けることが難しくなってしまいます。

中長期的に収益を最大化させる、という観点では、ちょっとしたお小遣い稼ぎのような

感覚で、なんでもかんでも有料記事などで販売するのはむしろ悪手で、数百円の有料記事にできそうなノウハウや情報があるのであれば、無料で公開した方が良いと、私は考えています。

有益なノウハウや情報を無料で公開した場合、「こんな有益を無料で公開してくれるなんて、とても有り難い！」と感じてもらえ、SNSなどで拡散されやすいです。

有益な情報を無料で見た人は、あなたの存在を認識して、さらにあなたに対して感謝の気持ちを持つはずです。

また、質の高い情報は拡散されやすくなりますので、あなたの認知度や信用力も高まります。

認知度や信用力が高まったおかげで、直接的に仕事につながることもありますし、人とのつながりが広がり、ギブアンドテイクということで、あなたに対して有益な情報を教えてくれる人や機会が増えるといったことも期待できます。

それだけでなく、「有益な情報を発信してくれる人」ということで認知され、しかも感謝されていますので、仕事のニーズが発生した時に、あなたに対して声をかけてくれるケースも増えるはずです。

つまりは、目先のお金より、信頼を選んだ方が長期的にリターンも多いということです。

実際に、私はXをスタートして、集客力が増える店舗撮影の撮影ノウハウを惜しげなく公開しました。

撮り方に関するノウハウは全て公開したと言っても過言ではありません。

「そんなに多くの核心的なノウハウを提供してしまうと、自分の優位性を保てなくなるのでは？」と思われますが、そのような心配は全く必要ありません。

なぜならば、有益な情報に触れた人が１００人いても、それを実践する人は５人もいないからです。

また、鵜《う》の真似《まね》をする烏《からす》、猿真似という言葉があるように、表面的なやり方を知ったところで、その裏に、豊富な経験に裏打ちされた高い技術力や言語化しきれないノウハウなどがありますので、同じやり方をしても同じだけの質を出すことは難しいです。

しかし、そうは言っても、無料で公開する情報と、絶対に公開しない情報は区別をつけた方が良いです。

例えば、私は撮影のやり方は惜しげもなく公開しましたが、一方で写真加工のやり方は一切公開しませんでした。

写真の質は撮影６割、加工４割くらいで成り立つと考えていましたので、仮に撮影のノウハウを全て公開しても４割の優位性は残せています。

このように、戦略的に公開する情報と公開しない情報を分けて、惜しげもなくノウハウを世に発信し続けましたので、多くの方に信頼していただけて、その結果、仕事の依頼や人とのつながりを増やすことができました。

「返報性の法則」という言葉を耳にしたことがあると思いますが、人は何か恩を感じることがあれば、その恩を返そうとする傾向があります。

あなたから有益な情報をギブされたら、全員ではないかもしれませんが、何人かはその恩を返したいと思い、人や仕事をつないでくれるので、あなたの仕事もさらにうまくいくようになるはずです。

「121点」を取り続ける挑戦が、リピートやクチコミを生む

自分でビジネスを立ち上げる場合、安定的に仕事を獲得するという観点で、リピートやクチコミは重要です。

しかし、そうと分かっていても、リピートやクチコミを獲得することは簡単ではありません。

実際に、あなたも普段から色々なサービスや商品を購入していると思いますが、「これすごくオススメですよ！」と、人に何かを紹介したいと思える機会は多くないと思います。

あなたがリピートやクチコミを獲得して、質の高い集客チャネル（経路）を確立させるためにも、「ぜひ121点を取り続ける」ということに挑戦してみていただきたいです。

それが結果的に、「営業しない仕事獲得術」につながります。

「121点」というのはあくまでも目安ですが、相手が持つ期待値が100点である時に、

１２１点を獲得するつもりで臨む、ということです。

簡潔に言うと、**「相手の期待値を圧倒的に上回る価値を提供したい」**のです。

たまに、「相手の期待値を超えることが大事だが、提供価値が多すぎても良くない。１０１点くらいがちょうど良い」という人がいますが、私は反対です。

たしかに、相手が求める価値以上の１２１点の価値を提供した場合、いただいた金額と提供価値に差がありすぎるため、もっと高額でサービスを提供するべき、という言い分には一理あると思います。

しかし、よほどのことがない限り、リピートやクチコミにはなりにくいですので、相手の期待値より圧倒的に高い価値を提供しようという気持ち、熱意を持つことが重要です。

例えば、家族写真の撮影を依頼された際に、「提供できる価値は写真だけです」と思っている方は、クチコミや良い評判を増やしてビジネスを伸ばすのは難しいかもしれません。

単に家族写真の撮影だとしても、顧客に提供できる価値は無数にあるため、それらをできる限り提供して、さらに提供価値を増やそうとする姿勢を見せることで、顧客満足度の向上につながります。

例えば、撮影自体を楽しい時間にすることで、「楽しい体験」という価値を提供できるかもしれません。

また、家族写真であれば、「子どもとの思い出を残したい」というニーズがあるでしょうから、「スマホで子どもの写真を簡単でキレイに撮るコツ」などもサービスとして教えてあげるなどしても良いでしょう。

そればかりでなく、素早く返信をしたり、ホスピタリティあふれるメッセージのやり取りをしたりといったことのほか、撮影当日に清潔感のある服装で現れて、元気で気持ちの良い挨拶をするなども、顧客に提供できる立派な価値です。

このような積み重ねの結果、顧客の期待値を大きく超えた価値提供をできて、それがリピートやクチコミにつながるということです。

しかし、提供物の安売りには気をつけていただきたいです。

例えば、5万円の価値があるサービスを2万円で提供した場合、圧倒的な価値提供をできるため、顧客満足度は高いと思います。

しかし、本来は5万円の価値があるサービスを半額以下の金額で安売りしているため、あなたが消耗してしまう可能性が高いです。

そのため、もし自分が「消耗しているな」「ちょっとやってられないな」と感じた時は、自分が気持ち良く働けるだけの報酬をいただけていない証拠ですので、値上げをするようにしてください。

また、顧客や顧客になる可能性のある人たちに価値を提供することは大事ではありますが、一方で奴隷になる必要はありません。

先ほどは、価値提供につながる可能性が高いことは、何でもできる限りやった方が良いとお伝えしましたが、自分が消耗することを避けるためにやらないことを明確にするのが良いでしょう。

例えば、私はカメラマンですので、飲み会やちょっとした集まりの時に撮影係や、記念写真の撮影役を依頼されることが多々ありました。

これは仕事ではなく、「カメラマンだから、他の人が撮るより良いでしょ」みたいな悪意のないピュアな申し出ではありますが、私はプロとして、撮影する1枚1枚の写真を大事にしているため、このような申し出は断るようにしていました。

駆け出しカメラマンの時は率先して撮影をしていましたが、帰り道に「良いように使われちゃたな」と、ちょっと悲しい思いをすることが多かったので、自分が撮りたいと思った時は写真を撮るものの、人から「撮って」と言われた場合は仕事としてしか対応しないと決めました。

また、お客様の質は金額によって変わるケースが多いです。高い単価を支払うお客様は要求も多いだろうと思われがちですが、真逆です。低単価のお客様の方が要求が多く、コミュニケーションコストが極めて高いです。

そのため、121点くらいの圧倒的に高い価値を提供することは大事ですが、一方で安売りしすぎない、ということも注意してください。

第4章

コミュ障でもできる ビジネスチャット活用術

ビジネスチャットをフル活用し、コミュ障を乗り切る

前章でご紹介した通り、今の時代はＳＮＳなどのおかげで、人と会わずに仕事を獲得できるようになってきました。そればかりか、仕事を獲得したあとのやり取りや業務も、人と会うことなく行うこともできるようになってきました。

実際に私は、Ｘ（旧Twitter）を使って集客をして、それからＬＩＮＥやSlack、Chatwork、ＸのＤＭなどを使い、お客様とチャットでやり取りをして、物件の写真撮影をして、納品するという流れで仕事をしています。

ですから、お客様と一度も会うことなしに仕事を獲得して、仕事をして、納品をして、お支払いをしていただいている状況です。

チャットを使ったビジネスコミュニケーション（ビジネスチャット）の最大のメリットは、「対面でなくリアルタイムでもない」ということです。

私は、人の目を見て話すことが苦手ですし、相手の質問や問いかけに対して、すぐに気の利いた回答をするのが大の苦手です。しかし、チャットを使ったコミュニケーションなら、相手から何か質問や問いかけが来ても、内容をじっくり考えてから返信することができます。

対面では考える余裕がなかったり、恥ずかしかったりするため、気の利いた一言を伝えられなかったとしても、チャットであれば、「どんな言葉をかければ、喜んでもらえるのか？ 信頼を勝ち取ることができるのか？」などを考えた上で返信できます。

例えば、

「〇〇の件、進捗はどうですか？」

と質問された場合、チャットを使ったやり取りであれば、

「△さんのおかげで、〇〇の件は順調です。具体的には～です。今後も△さんにご満足いただけるよう質を高めてまいりますので、引き続きよろしくお願いいたします」

などと落ち着いて返すことができます。

しかも、より良いビジネスチャットをすることができれば、相手に良い印象を与え、仕事をよりスムーズに進められるだけでなく、リピートやクチコミにつながる可能性も高め

られます。

実際に、チャットでのやり取りを評価して、「やり取りがとても誠実で好感を持てました」というようなお言葉をいただくこともよくありますし、一度も対面でお会いしたことがないお客様から、別のお客様をご紹介いただく機会も多いです。

いわゆる一人前の対面コミュニケーションができなかったとしても、いくつかのルールに則《のっと》って会話を進めるだけで、一人前もしくはそれ以上の成果を残すことができます。

例えば、感謝の言葉などを少し工夫するだけで相手の信頼を勝ち取ることができますので、本章で詳しくお伝えします。

発達障害流ビジネスチャット対策ルーティン

コミュニケーションのように形がつかめない、ふわふわと漠然としたものに対して、発達障害の方は対応しきれないことが多いため、苦手意識を持ちがちなのだと感じています。

しかし結局は、チャットでのコミュニケーションも、対面でのコミュニケーションも、何度も繰り返してみると、あるルールに基づき進められていることに気づきます。

例えば、会社の先輩と廊下ですれ違う時は、少し微笑みつつ「お疲れ様です」と言うべき、ということは、ある種のルールになっていると思います。

ただ、これは、この状況下においてはこのように振る舞うのが最適、とされているため、そのように振る舞っているだけです。

このようなルールや法則性をいくつも知って、その場面場面での最適解を増やすことで、掴みどころがなかった「コミュニケーション」が、掴みどころのある実体として攻略可能になるのです。

ビジネスにおけるチャットコミュニケーションでは、下記の3つを守っていただければ、及第点を大いに上回る点数を取ることができます。

①感謝、褒め言葉から始める
②クッション言葉を入れる
③気の利いた一言、リップサービスを添える

これから、一つひとつ見ていきます。

対策1――感謝、褒め言葉から始める

チャットだけのコミュニケーションでよくある失敗が、相手の表情や声のトーンなどの情報がなく文面だけですので、冷たく感じたり、怒っているように感じたりしてしまい、その結果、険悪なムードになってしまうということです。

例えば、対面で「承知しました」という言葉を伝える時であれば、言い方を工夫すれば、

元気な感情、怒っている感情、興味がないという感情など、色々な感情を伝えることができます。しかし、チャットで「承知しました」とだけを送ると、「承知した」という情報しかなく、他の感情が伝わりません。

あなたとしては、元気に「承知しました！」ということを伝えたかっただけにもかかわらず、あなたが怒っていると邪推されてしまったら損ですので、そのような事態を引き起こさぬよう、**最初に「感謝」もしくは、「褒め言葉」を伝えることをオススメします。**

例えば、「○○の件はどうなりましたか？」という質問が仕事相手から来た場合、「お疲れ様です！　○○について、気にかけてくださり、ありがとうございます。○○は順調に進んでいて〜」という風に、何らかの理由をつけて最初に「ありがとう」と言うのです。

「ありがとう」の対象が思いつかないケースもあると思いますが、そのような時は、コミュニケーションとは言葉のキャッチボールであることを思い出していただきたいです。相手は、あなたのメッセージを受け取り、内容を確認した上で、あなたに返信をしています。ですから、自分が以前に送った文章を確認してくれたことに対する感謝を伝えます。

「ご確認いただき、ありがとうございます！」

この言い回しは万能ですので、オススメです。

汎用性が高い感謝の言葉として、次のような言葉をメッセージの最初に記載すると良いです。

- 確認していただき、ありがとうございます。
- 早速、ありがとうございます。
- お気遣いいただき、ありがとうございます。
- ご配慮いただき、ありがとうございます。
- お忙しいところご対応いただき、ありがとうございます。

また、多くの人が承認欲求や、「人のためになりたい」というピュアな思いを持っています。

そのため、もしあなたが、そのような思いを満たしてあげることができれば、相手からの印象がさらに良くなります。

そのような思いをさり気なく満たしてくれる人というのが、きっとコミュニケーション能力が高い人なのだとも思います。

とはいえ、難しく考えずとも、手っ取り早く満たす方法は、相手のことを適切に褒める、ということです。

「良いですね！」

「さすがです！」

「すごいです！」

「天才すぎます！」

「◯◯さんのおかげで〜」

「やっぱり、さすが◯◯さんですね！」

「めちゃくちゃ早くありがとうございます！　◯◯さんにお願いしてよかったです」

などです。


最初の感謝に追加して、このような一文を追加できると、相手の印象がより良くなり、仕事がスムーズに進むだけでなく、最終的な顧客満足度も向上するため、リピートやクチコミにもつながってくるはずです。

当たり前すぎることかもしれませんが、この当たり前のことをできていない人が世の中にあまりにも多いですし、当たり前のことを当たり前のようにできる人こそが仕事で活躍しているように思います。

実際に、有名だったり実績が豊富だったりする経営者と働くと、「こんな対応をされたら、もっと頑張っちゃうじゃないですか！」と思うようなチャットをしてくれます。

自分がクライアントワークをする時に、自分のちょっとした行動や工夫に気がついて褒めてくれたり、何事に対しても感謝してくれたりしたら、「この人のためにもっと頑張りたい！」と思えるはずです。

それは、クライアントワークをする場合だけでなく、依頼する場合でも同じです。あなたが受注者でも発注者でも、このようなビジネスチャットをすることで、より良好な関係を築け、相手のパフォーマンスや満足度がさらに高まります。

これらの一文を追加することで、相手に送る文章が若干長くなってしまう、というデメリットがあるとは思いますが、それ以上に得ることの方が大きいですし、お客様ありきの、いわゆるクライアントワークでは、このような工夫は必須と言えます。

対策2　クッション言葉を入れる

人は、意図しないことに対して不快感を覚えることが多いです。

急に質問して、相手に不快感を与えてしまった経験は誰しもあると思いますが、そうな

らないためにも、クッション言葉（前置きの言葉）が大事になってきます。

例えば、答えはAだと思っていても、念のために確認しておきたい、という時は、「度々すみません。念のための確認ですが、◯◯はAという認識で合っていますでしょうか？」と聞くと良いです。

もし、クッション言葉がなく「◯◯はAという認識で合っていますか？」という質問だけの場合は、

「さっきも、そう言ったじゃないですか！」
「そのくらいも分からないのか！」

というようなネガティブな反応になる恐れがあります。

「念のため、確認させてください」
「度々の質問で申し訳ないですが」
「心配性なので、改めて確認させてください」
「恐れ入りますが」
「◯◯という観点で、業務上必要なのでお聞きしたいのですが」

といったクッション言葉を添えて、質問や発言の真意を最初に伝えることで、コミュニ

ケーションの失敗を防ぐことができます。

自分の意見を伝えたい時には、

「たしかに、◯◯さんのご意見も一理あると思います。一方で」

「僕も◯◯さんの立場でしたら、その意見になると思うので、とても共感します。一方で」

といったクッション言葉が便利です。

その他にも、相手の意図を鑑みたクッション言葉も必須です。

例えば、最近このようなやり取りを見て違和感を覚えたことがあります。

A「面談は12月14、15、16日はいかがでしょうか？」

B「候補日として12月19、20、21日はいかがですか？」

A「20日でしたら空いています」

ぱっと見ると、よくあるビジネス上のやり取りですが、Aさんの問いかけに対して、Bさんは回答していません。

チャットといえども、言葉のキャッチボールですので、相手の発言をまずは受け止めることが重要です。

そのため、Bさんは「恐れ入りますが、ご提示いただいた日付は先約がございます。そのため〜」というようなクッション言葉を入れるべきです。

チャットになると自分の言いたいことだけを送ってしまいがちですが、このように、きちんと相手の発言にリアクションをして、それを受けたクッション言葉を使っているか、確認してから返信します。

対策3 ― 気の利いた一言、リップサービスを添える

お客様に対してはできる限りの価値を届けるべきで、駆け出しの時期はお客様に提供できる価値はそこまで多くありません。

そういった観点で、**媚《こ》びるわけではないですが、気の利いた一言をチャットで添えることで、あなたへの印象をより良くすることも戦略的に行った方が良いと思います。**

例えば、あなたが若く、駆け出しの状態だったりするのであれば、提供できることは「若さ」「やる気」ですので、このような文章をチャットの最後に記すのがオススメです。

「一生懸命、取り組ませていただきますので、よろしくお願いいたします」
「できる限り○○様のお力になるべく頑張らせていただきますので、引き続きよろしくお願いいたします」

他にも、相手が真に求めていることが分かるようになってきたら、「同じ目線ですよ」ということも伝えられるよう、真のニーズを満たすべく頑張る、ということを伝えることも有効です。

例えば、私は売上の最大化を求める方からの写真撮影の依頼が多いので、「当日はできる限り売上の最大化に寄与する写真を撮らせていただきます。引き続き、よろしくお願いいたします」といった感じです。

人と会う前であれば、「当日は○○さんとお会いできるのを楽しみにしています」などと言った言葉を添えます。

チャットの場合はいくらでも考える時間がありますし、面と向かって伝えるわけではありませんので、恥ずかしいという思いがあったとしても、このようなちょっとした一言を添えてみてはいかがでしょうか。

クライアントワーク力を高める3つの工夫

ビジネスでチャットを使ったコミュニケーションを続けていると、「この人は仕事ができるな！　今後も関係を続けていきたい！」と思う人がいる一方で、「ちょっとやり取りがスムーズでないので、次は他の方にお願いしよう」と思う人もいます。

そこで、**スムーズで円滑なやり取りができる人と、そうでない人との違いを色々と分析してみたところ、工夫すべきなのは下記の3点だという結論に至りました。**

①レスポンスの速さ
②目的の理解
③ミラーリング

一つひとつ見ていきます。

工夫1 ── レスポンスの速さ

「レスポンスを速くする必要がない」と言う人がいますが、クライアントワークで相手からの信頼を勝ち取るという観点で、即レスはした方が良いです。

また、急ぎの質問や、回答がなければ相手が次の行動をできない質問などは、特に早く対応した方が良いでしょう。

しかし、全てのケースで即レスするのは難しいと思います。

例えば、あなたがスマホしか使えないにもかかわらず、パソコンで資料を送ってほしい、というような状況でしたら、あなたはどうしますか？

このケースのように、完全な返信をするのに時間がかかってしまう場合は、一時対応をします。

例えば「連絡をありがとうございます！　今、出先ですので、○時くらいに対応させていただきます」といったイメージをすぐに送っておくのです。

このような一時対応があるだけでも、相手の印象は大いに変わってきますので、ぜひ実践してみてください。

また、会社から独立して働く上で、プライベートと仕事の境界線を分けにくいことで悩んでいる人は少なくないと思います。

これに対して、正解は人それぞれですが、私は土日祝日に限っては、お休みモードにするようにしています。

しかし、お休みモードといっても、土日祝日だからといって返信しないというわけではありません。会社から独立してフリーランスやひとり社長として働いている人が、土日祝日に仕事の連絡を全くしないのは、相手からの信頼を大いに損ねるため、絶対に辞めた方が良いです。

私にとってのお休みモードとは、日中は即レスをしないですが、夕方や夜など、当日中に返信すれば良いということにしています。

ただし、急を要する内容や、相手からの信頼を勝ち得たい時などは、もっと早く対応します。

工夫2 目的の理解

仕事の依頼者と受託者とでは、見えている目線がどうしても異なってしまいます。

例えば、カメラマンであればキレイな写真を撮れば良いと思ったり、デザイナーであれば格好良いデザインを作れば顧客は満足するはずだ！と思ったりしがちです。

しかし、これらは明らかに誤りです。

「ドリルがほしいのではなく穴がほしい」という言葉を耳にしたことがあるかもしれませんが、顧客が求めるのは美しい写真でも、格好良いデザインでもなく、それらの写真やデザインを使うことで得られる効果です。「売上を伸ばしたい」だったり「人を採用したい」といった、その先にある価値を欲しているわけです。

顧客の求める価値を理解し、同じ目線で話せるだけで、相手からの信頼感がグッと高まり、それによって作業者ではなくパートナーとして働くことができるようになります。

ただし、そうは言っても、相手の目的を理解するのは難しいです。

同じ業界で長く働いていれば相手の目的は分かってきますが、経験が少ない時は、なかなか相手の目的を把握できませんので、そのような時は変なプライドを捨てて、素直に相手に質問するのが良いです。

例えば、「できる限りお客様の目的に沿ったお仕事をしたいと考えていますので、今回の目的を教えていただけますか？」などと聞くのです。

とはいえ、できればある程度自分で考えた上で、「今回は物件撮影のご依頼ですが、いわゆる集客のためにご活用される、という認識でよろしいでしょうか？　その場合、目立つことを意図して明るい写真にするべきか、それともオシャレさや高級感を訴求するために暗めでムーディーな写真にした方が良いかご教示いただきたいです」みたいな聞き方ができれば、相手に貢献しようとする一生懸命さが伝わります。

このような質問をして、相手の目的が分かってしまえば、勝ちみたいなものです。あとは、相手が求めていることを満たす仕事を全力ですれば良いだけです。

工夫３ ─ ミラーリング

対面のコミュニケーションにおけるテクニックで、ミラーリングという技があります。

相手が鼻を触ったら自分も鼻を触り、相手が水を飲んだら自分も水を飲む、みたいに相手と同じような動作をすることで、好印象を持ってもらうという方法です。

チャットを使ったコミュニケーションでも、同じテクニックが有効です。相手と同じテンション、熱量を心がけると良いです。

具体的には、文章の硬さやフランクさ、絵文字や「!」の多さなどを相手と合わせるのがオススメです。

もし相手が絵文字を使っているのであれば、あなたも同じように絵文字を使った方が相手に「やり取りしやすい」と感じてもらえます。

また、発達障害の人は相手との距離感を掴むのが苦手だと言われていて、実際に私もそうでした。ビジネスチャットでは、いつも最大級の敬語を使っていましたが、今思うと、これは非常によろしくありませんでした。

相手がフランクに接してくれているのであれば、丁寧さを意識しつつも、多少はフランクにメッセージを返した方が、コミュニケーションしやすくなるはずです。

結局のところ、過去の私は丁寧さや敬語を正しく使うことを目的としてしまっていました。でも、敬語を使う本来の目的は、相手に敬意を伝え円滑なコミュニケーションを図ることだと思います。

敬語を使いすぎたり硬すぎたりすることが円滑なコミュニケーションの妨げになってしまうようであれば、それらを使うことに固執せず、相手のテンションに合わせるコミュニケーションを図るべきです。

ですので、相手の「絵文字」「！」「文末のラフさ」というのを観察して、同じようなテンションで接することが重要です。

熱量についても同じです。

相手が並々ならぬ熱量で「今回は本当に肝いりで大事なプロジェクトなので、ぜひお願いします‼」というメッセージを送ってきたのであれば、あなたも「私もそのために、全力で頑張らせていただきますので、こちらこそお願いいたします！」というように合わせた方が良いです。

ここで「承知しました」みたいにあっさり返してしまうと、相手は肩透かしにあったように感じて、満足度が下がってしまいます。

長文で難解になりがちの文章をどうするべきか？

過去の私がそうだったのですが、アスペルガー症候群の人は難解な言葉を使う傾向があると言われています。

また、正確性や網羅性にこだわる方が多く、正しい内容を伝えたいと思い、長文になってしまう傾向があります。

その結果、ビジネス上でのメールやチャットの文章が、長文で難解になってしまい、相手が理解しづらかったり、ストレスを与えたりするものになってしまうことがあります。

また、長文の日本語をしっかり読み取り、理解することが苦手な人が意外と多いので、長文ということだけで、そのような人とは意思疎通を図りにくくなってしまいます。


長文で難解な文章ばかりで、相手から苦手意識を持たれてしまうと、信頼関係の構築や、スムーズな仕事のやり取りが難しくなってしまうので、できる限り簡潔な文章を作れるよ

うになった方が良いです。

そのためには、まず、１００％の内容を伝えたい、もしくは伝えなければならない、という認識を変えることが重要です。目的によって異なりますが、自分と１００％同じ認識を相手に持ってもらう必要は全くありません。

仕事をする上で、相手が次の行動をするのに必要な情報だけを伝えて理解してもらえば良いのです。

そのため、情報に優先順位をつけて、取捨選択するようにしてください。

まずは「相手に伝えなくちゃ！」と思った内容がたくさんあるのであれば、全て書き出してみてから、「相手が次の行動をするために必要な情報は何か？」という視点で、相手に伝える内容を考えてみるのが良いです。

そうは言っても、どこまでを伝えるべきで、どこからが不要なのか、その線引は難しいと思います。

そのような時は、その情報がなくても、相手が次の行動をできるか否かを考えます。

相手が知っていた方が良さそうな情報であっても、知らなくても次の行動をする時に問題がないようでしたら、伝える必要がありません。

むしろ、そこまで細かい情報まで伝えようとしたら、文章が長くなってしまい、本当に伝えたいことが伝わりにくくなってしまいます。

また、「伝える」と「伝わる」は全く違うことです。

「伝える」は一方的なアクションですので、伝わらなければ全く意味がありません。

確実に「伝わる」ようにするために、相手に共有するべき内容が多くても簡潔な文章を作れた方が良いです。

例えば、伝える内容が多いため、「そして」「また」「さらには」などの接続詞を多用してしまい、読みにくい文章になってしまった、という経験はないでしょうか。

そのような場合は、視認性を重視して区切ることがオススメです。

無理して接続詞を使うのではなく、例えば、次のように内容ごとに区切ることで簡潔な文章にすることができます。

■メール文例

お疲れ様です。

本日の営業進捗と明日のミーティングなど下記について共有いたします。
①A社との打ち合わせ結果
②B社との提携についての相談
③明日のミーティングの議題共有

①A社との打ち合わせ結果
結論：部長面談につながりました。
価格について懸念されていましたが、値上げする背景をお伝えしたところ、ご納得いただけました。

②B社との提携についての相談
〜〜〜〜〜

③明日のミーティングの議題共有
〜〜〜〜〜

質問を減らす質問術

前節で「分からない時は質問をするといい」と述べましたが、質問をするのも案外難しいものです。

私が会社勤めをしていた時には、上司や先輩に、ただただ質問しているだけにもかかわらず、怒った素振りされることが度々ありました。

自分としては疑問の解消のため、業務上必要な質問をしていたつもりでしたが、空気が読みにくいという弱点を抱えているアスペルガー症候群の私でも分かるレベルで、イライラした素振りをされることが多かったです。

発達障害の人は、無意識に人を怒らせやすいと言われていますが、これらの経験から、それを実感しました。

そこで、**ここからは、相手を怒らせやすい質問例を挙げた上で、対策をご紹介します。**

問題点1―起こる可能性が低いことを質問している

■質問例①

上司「ホームページの写真は、これを使いましょう。たぶんこれが一番クリックされます」

私「承知しました。他の候補写真の方がクリックされる可能性もありますので、その辺の定量的な検証はどうしましょうか？」

上司「3日間はこの写真で運用してみて、それで目標数値に届いていなければ他の写真も試すことにしましょうか」

私「分かりました。もしかすると他の写真も目標数値に至らない可能性（※1）があるので、今のうちにカメラマンの選定をしておきましょうか？」

上司「たしかにその可能性はありますが、現時点では不要です」

私「そうですか。ですが、3日間運用して数値が未達で、また3日間運用した後から動くと、タイムラグが発生してしまいますよ」

上司「だから、今は不要って言ってるじゃないですか。忙しいので、本件は以上です。

それでは、お願いします」

……………

私は「※1」の事態になるのを危惧して、色々と質問をしていますが、※1になる可能性は低いはずです。

私としては、「※1」になった時の対応が気になっていますが、それはアスペルガー症候群の人特有のこだわりである可能性が高く、上司の認識では、ほぼほぼ起こらない出来事です。

相手としては、今のタイミングから考える必要がない出来事にもかかわらず、細かな質問をされると面倒くさい気持ちになり、それが繰り返されるとイライラしてしまいます。

アスペルガー症候群の方は、先のことを見通せる人が多いと思いますし、何かが気になってしまうことが多くあると思います。

しかし、起こる可能性が低い先のことや、細かいことへの質問を繰り返すことで、相手に不快感を与えてしまうことが多いので、「本当に必要な質問なのか？」「自分のこだわりによる質問ではないのか？」を自問自答してください。

もし可能性が低いものの気になる質問だった場合は、気になる気持ちを一旦忘れて、そ

の可能性が高くなったタイミングで質問するのが良いでしょう。

仕事では正しさも大事ですが、周囲の人と良好な関係を築き、力を合わせることも重要です。もしかしたら、「※１」のような事態になってしまうかもしれませんが、それはその時に対処法を相談すれば良いと考え、先回りしすぎないことをオススメします。

問題点２──適切なクッション言葉を使えていない

また、**同じ質問をしたとしても、クッション言葉があるだけで、相手の印象が変わります。**

例えば、先ほどの「※１」の質問をしたタイミングで次のような言葉を使っていると、相手の不快感は減ったと思います。

「分かりました。あと、本当に申し訳ないですが、心配性なので、追加で質問させてください。もしかすると他の写真も目標数値に〜」

これは、単純にクッション言葉を使えば良い、ということでなく、相手の気持ちに沿って考えてみる、ということです。
クッション言葉として「あなたの気持ちや言いたいことは分かっています」ということを示せるだけで、相手の印象が変わってきます。

問題点3――脈絡なく意図の分からない質問をしている

■質問例②

同僚「これで○○商事への提案内容についての会議を終わりますが、何か質問はありますか？」

私「ちなみに、今月のＫＰＩ（重要業績評価指標）達成状況って、どんな感じでしたっけ？」……①

同僚「え、ＫＰＩですか？　今、その情報を持っていないです」

私「ちなみに、受注時期は今月にずらせそう？」……②

同僚「えーっと、提案の進捗次第ですが、できなくもないと思います」

私「相手の担当者は誰でしたっけ？」……③

人は誰しも、脈絡がなく意図の分からない質問をされると不快感を覚えることが多いです。

この例では、◯◯商事の話をしているにもかかわらず、いきなりＫＰＩの質問（①）をしています。全く脈絡がないですし、意図が分からず相手はビックリしてしまっています。

ですから、何か質問をする時は、質問の意図を先に伝えるようにします。

そうすることで、相手に与える不快感を減らすだけでなく、相手は回答を考えつつ質問を聞けるので、親切でもあります。

問題点４―尋問のような質問になっている

さらに、②と③は、相手の回答内容に対するリアクションが全くなく、尋問のような聞き方になっていますので、相手が不快感を覚えることが多いです。

会話は言葉のキャッチボールですので、相手の発言に対しては、何かしらのコメントやリアクションをするのが自然です。

例えば、①〜③を次のように言い換えるとだいぶ印象が変わります。

■質問例②：改善後

同僚「これで○○商事への提案に関する会議を終わりますが、何か質問はありますか？」

私「提案内容を考える際に、今月のＫＰＩ達成状況によって金額や受注難易度が低いプランから先に提案するなども考慮した方が良いと思います。そういった観点で、今月のＫＰＩの達成状況を参考にしたいので教えてください」……①

同僚「え、ＫＰＩですか？　今、その情報を持っていないです」

私「ちなみに、ＫＰＩの達成状況によっては、今月の受注額を増やす必要があると考えていて、受注時期は今月にできそう？」……②

同僚「えーっと、提案の進捗次第ですが、できなくもないと思います」

私「相手への担当者は誰でしたっけ？　私の知っている担当者なら、私から猛プッシュして受注時期を調整してもらえるかもです」……③

加えて、このケースでは、私がした質問に対して、相手が義務的に回答した状況ですので、②と③については、次の太字部分のように相手の回答に対するコメントを追加するとより印象が良くなります。

②「**OKです！　次から、会議時にKPIの資料を持ってきてもらえますか。**ちなみに、KPIの達成状況によっては、今月の受注額を増やす必要があると考えていて、受注時期は今月にできそう？」

③「**いいですね！　もし今月にずらせたら売上目標的にも助かります。**相手への担当者は誰でしたっけ？　私の知っている担当者なら、私から猛プッシュして受注時期を調整してもらえるかもです」

問題点5 ― 質問が多すぎる

特にチャットでやり取りする時には、チャットを確認して返信する回数が少なければ少ないほど親切ですし、仕事ができるという評価につながります。

できる限り質問の数を減らしつつも、把握すべき内容を質問するための工夫を、質問例を使って説明します。

■質問例③

上司　「○○商事との会食の場所を探してください」

私　「承知しました。料理の種類は和食、洋食、中華、どれが良いでしょうか？」……①

上司　「○○商事のAさんは年齢が少し高めなので、和食にしましょうか」

私　「ありがとうございます。それでは和食で探してみます。金額は5000～8000円くらいで問題ないですか？」……②

上司　「はい、それで問題ないです」

私　「場所は○○商事から近い新宿とか、渋谷近辺で探してみます」……③

③も実質的には質問と言えますので、確認する回数が追加でかかってしまいます。発達障害の方は、曖昧《あいまい》な指示や質問が苦手だと言われています。今回のケースは、発達障害の人でなくても分かりにくい曖昧な指示ですので、相手の指示が良くないとも言えますが、曖昧な指示や質問が来るケースもあるので、何かしらの対処法を身につけた方が良いです。

改善点１――当たりどころをつけて提案する

それでは、ここからは対策編です。

質問をする時、特に曖昧な指示や質問が来た場合には、反射的に質問をするのではなく、一旦受け止めて、業務を進める上で把握する必要がある情報を書き出します。

今回の例で言うと、食事内容や金額、場所などです。

必要な情報を書き出した上で、１度のメッセージで読みやすさを工夫した上で質問をした方が良いです。

具体的には下記の通りです。

……………………

■回答例①

上司「○○商事との会食の場所を探してください」

私「承知しました。お店選びをする上で確認したいことが3点あるので、質問させてください。

1．食事内容
和食、洋食、中華、どれが良いでしょうか？
2．金額
5000～8000円くらいで問題ないでしょうか？
3．場所
○○商事から近い新宿とか、渋谷近辺で良いでしょうか？」

このように1度のメッセージにまとまっていると、相手は1度の確認と返信で完結するので、負担が少なくて済みます。

さらに、次のように言葉を添えて返信すればベストです。

■回答例②

上司「○○商事との会食の場所を探してください」

…………………………

私

「承知しました。前回は和食で喜んでいらっしゃったので、和食で、5000〜8000円くらいの金額で、○○商事から近い新宿とか、渋谷近辺で調べてみます。

この条件で差し支えがある場合は、恐れ入りますがご指摘ください。

問題なければご返信は不要です」

何でも質問するのではなく、何かしらの仮説を持った上で質問をした方が良いです。

相手がそこまでこだわりがないのであれば、適切な理由をつけた上で先に進めます。

このケースで言うと、今までの経験則や知識からある程度の当たりどころが分かっていますので、質問ではなく確認という形で進めています。

「○○で合っていますか？」という確認の場合、相手はYESかNOのどちらかを回答するだけで良く、相手への負担を減らすことができるので、スマートです。

改善点２ 返信不要の気遣い

忙しい人は毎時間、ひっきりなしにチャットやメールが送られてきて、それらの確認や返信に時間を取られています。

仮に「ＯＫです。それでお願いします」と返信するだけでも、それが10回などとなると、時間を取られてしまいます。

何かしらのメッセージが来た場合は、返信しなければならないという義務が生じますので、あなたから「返信しなくても大丈夫です」と伝えると良いです。

このケースでも、差し支えがあれば返信をする必要がありますが、問題なければ返信しなくて良いので、わざわざタイピングして、「ＯＫです。それでお願いします」と送る手間と気力を省略できました。

実際にＬＩＮＥなどで仕事のやり取りをする場合には、メッセージの最初の文言が表示されますので、【ご返信不要です】や【ご返信不要です　報告】と書くことが多いです。

改善点３　守備範囲を広く対応する

チャットでのやり取りでは、タイムラグが発生することが多々あります。

例えば、すぐに返信してくれる相手であれば、質問や確認をしても良いですが、返信が遅い相手ですと、仕事が完了する時間が遅くなってしまいます。

例文のような指示を出されて、上司へ質問して、３時間後に回答がようやく返ってきた場合、それから着手するため、調べるのに１時間かかったとしたら、提出が４時間後になってしまいます。

そのような場合は、質問への回答を待つのではなく、次のように守備範囲を広めにして対応することで、仕事を早く完了できます。

■回答例③

上司　「○○商事との会食の場所を探してください」

私　「承知しました。取り急ぎ、何個か探してみました。
下記はいかがでしょうか？

■和食
A店　渋谷　客単価６０００円
B店　新宿　客単価１万２０００円

■洋食
C店　新宿　客単価1万円
D店　渋谷　客単価6000円

■中華
E店　新宿　客単価4000円
F店　渋谷　客単価7000円」

つまり、和食か洋食、中華のどれがベストか分からなければ、3パターンとも回答を用意してしまう、ということです。

また、相手の手間を減らしてあげるというのは、相手からの信頼を得る上でも、とても重要なポイントになります。

例えば、お店選びが完了して、お店の情報をお客様にチャットで送る場合は、下記のようにメッセージを分けて送るのがスマートです。

「当日は下記のお店でお願いいたします」

「A店」

「東京都渋谷区〜」

「お店のリンク」

チャットの内容をスマホで確認する人が多く、ひとつのチャットに情報をまとめてしまうと、必要な部分だけをコピーするのに手間がかかることが多いからです。

例えば、お店の情報を送って、相手が地図アプリでお店の住所を検索しようとした場合、住所だけで送ってあると、コピーするのが楽です。

このように、相手の次のアクションを見据えて情報を送ると、好印象を与えられるので、オススメします。

第5章

コミュ障から脱却する発達障害流生存戦略

月収100万円を達成するには、リアルなコミュニケーションが必要だった

「コミュニケーション能力がもっと高ければ、もっと楽だったのに」と感じたことはありますか？

私は、何百回、何千回、何万回も、「コミュニケーション能力がもっと高ければ‼」と思いましたし、コミュニケーション能力が低いことで悔しい思いをしたことが、数え切れないくらい、たくさんあります。

本章では、そんな悩みをふまえつつ、クライアントなどとの対面でのコミュニケーションを少しでも良くしていくためのヒントをご紹介します。

前章で見てきた通り、今の時代は相手と一度も会わずに仕事を進められます。でもその一方で、一度でも対面で会っていた方が、仕事がスムーズに進むことが多いというのも事実です。

私はもともと、人とのコミュニケーションが苦手ですので、人と会わないで仕事を獲得して完結できるのはストレスが少なくとても良いことでした。それに、「営業なんて絶対に無理！」という思いがあるからこそ、営業しないで仕事を獲得できている状況は理想的だと思っていました。

しかし、ＳＮＳやチャットツールなどしか使わず、リアルの場に全く出ていなかった時と、多少無理してでも人と会うようになってからでは、仕事の入り具合が大幅に変わりました。

リアルの場に出る前は、月に30万〜50万円くらいの仕事しかありませんでしたが、人と会う機会を増やすことで、月１００万円を簡単にキープできるようになりました。

もちろん、人と会うようにする前と後とでは、私自身の実績や知名度、ブランディングの完成度が異なりますので、単純比較はできませんが、今はオンラインでも仕事をできる時代だからこそ、逆にリアルが大事だと感じました。

というのも、人や企業に依頼する時に、スペックや今までの実績を調べて、フラットな目線で相見積もりをする人はそこまで多くなく、意外と、一度でも会ったことがあることで、発注してもらえる確率が高まるからです。

人は合理的な判断をしているようで、義理人情で意思決定をすることも多いと感じます。

また、こちらから依頼や相談をもちかける時でも、会って話したことがあるかないかで、心理的なハードルが大きく変わってきます。

一度も会ったことがない人に、メッセージで「お仕事をお願いできますか？」と連絡するより、一度でも会ったことがある人に対して「お疲れ様です！　先日はありがとうございました。○○についてお願いできますでしょうか？」みたいに送る方が、圧倒的に気が楽です。

これを逆に考えれば、あなたに仕事を依頼したいと思われていても、依頼する時の心理的なハードルが高いことで依頼につながっておらず、機会損失をしている場合が多いと考えられますので、できる限り潜在顧客と会うことをオススメします。

そうは言っても、名刺交換会や異業種交流会などは行く意味は全くないと思います。人の名刺をほしいのであれば行っても良いと思いますが、そのような場に行っても仕事につながる機会は滅多にありません。

そうではなく、**やはり自分のターゲットとなり得る人たちとラフな交流ができる場に行くようにした方が良いです。**

例えば、私は民泊を運営している方から、民泊の集客をするための写真撮影を請け負っていますので、民泊を運営している人たちと会う機会を意図的に作っています。具体的には、X上で仲良くなった民泊運営者の方が主催している飲み会に参加したり、自分自身で民泊忘年会などを企画して、人を集めたりしています。

さすがに、いきなり自分で飲み会を主催することは難しいかもしれませんが、XなどのSNSで交流した人が主催している飲み会に勇気を出して参加してみるのが良いでしょう。

例えば、私はSNSでお客様となりうる方々とつながりがありましたので、その人達が企画する飲み会や集まりに参加すればリアルで会うことができました。

あなたもSNSでお客様となりうる人たちとつながりを作れているのであれば、SNS上で集まりを探したり、SNSで絡みがある人に「飲み会などあれば参加させてください！」と勇気を出してメッセージしてみるのが良いでしょう。

もしSNSでお客様となりうる方々とのつながりがないのであれば、地道に増やすしかありません。

私が名古屋で新しく会社を立ち上げて、「不動産屋さんとつながりたい！」と思った時は、知り合いに片っ端から、ただし、一つひとつのつながりを大切にしながら、「不動産屋さんをご紹介いただけませんか？」と丁寧に相談していったところ、自然に不動産屋さんとのつながりが広がっていきました。

結局のところ、SNSを使わずにリアルの会に参加するには、地道に紹介をお願いして、その場でできる限り誠実に振る舞う、ということが重要だと思います。

ただし、リアルの会に参加した時に、「僕は○○をしているので、仕事ください！」みたいな営業をしてしまうのは、絶対に避けてください。

楽しい飲み会にもかかわらず、営業をされたら気分が悪いからです。そんなことをされると、営業につながらないどころか、「営業されて嫌だった」という悪い評判が広まってしまって、それ以降の仕事を広げにくくなってしまいます。

実際に、質の低い交流会や異業種の人が集まる飲み会に参加すると、明らかに営業目的だと感じる参加者がいて、私はだいぶ気分が悪い状態で帰路につくことが多いです。

例えば、普通の話ではなく、明らかに自分のPRにつながることしか話さない人や、お金を持ってそうな人にはすごく丁寧に接しているにもかかわらず、お金を持っていなさそうな人に対しては雑な接し方をするなどです。

お客様を増やしたいという思いは理解できますが、このような振る舞いをしていると、逆にお客様が減ってしまいますので、注意が必要です。

このような会に参加する目的は、「営業」ではなく、お客様やお客様となりうる人たちと信頼関係を構築したり、その人たちが普段抱えている悩みや話題を知ることです。

会に参加した時は、「民泊の撮影などをやっているカメラマンです。民泊をやっている方がどんなことを考えているか知りたくて参加してみました」みたいな感じで、あなたの職業や、やっていることをさらっと紹介だけして、あとは会の趣旨に合うように振る舞った方が良いです。その場で仕事につながらなくても、誠実で丁寧な対応を心がけていれば、つながるきっかけを得られるはずですので、焦って短絡的な営業活動をするのは控えた方が賢明です。

とはいえ、そもそも1対1の会話さえも苦手な人間が、複数人の飲み会に行ったところで、気の利いたことを言えず、一言も話せず、気まずい思いだけをして帰ることになるのではないか、と思うかもしれません。

実際のところ、私も情けない思いをして家路についた経験が多かったですが、それへの対処法が分かってきましたので、これに関しては問題ないです。

発達障害の方だからこそのアプローチで、リアルでのコミュニケーション能力を高める工夫を次のページからお伝えします。

基本的には、対面でのコミュニケーションもチャットなどでのコミュニケーションと同じで、いくつかのルールに則《のっと》り対応するだけで、十分なパフォーマンスを発揮できるようになります。

コミュ障の唯一の生存戦略は「聞くに特化」である

過去の私がそうだったのですが、コミュニケーションが苦手だと感じている方は、「気の利いたことを言えない」ということでコンプレックスに感じているケースが多いように思います。

しかし、「コミュニケーション能力を高めたい！」と思い、色々と経験を積んで試行錯誤を重ねてみた私のたどり着いた結論は、気の利いたことを言う必要は全くないということです。

気の利いたことを話すよりも、良い聞き手になった方が、圧倒的に相手と楽しい有意義なコミュニケーションを図ることができます。

また、単に楽しいだけでなく、仕事という観点でもメリットがあります。実際に今の私が、多くの仕事を獲得できていて、仕事の規模がさらに広がってきているのも、話すのが上手だからではなく、「聞く」を重視してきて、信頼を勝ち得たからこそです。

相手の話を聞くことに特化すれば、相手はあなたが自分のことを真摯に理解しようとしてくれていると感じ、たとえあなたが気の利いたことを言えなかったとしても、あなたのことを好意的に受け止めてくれます。

そして、その先に信頼や尊敬という感情が生まれます。すると、「この人に仕事を依頼したい」という気持ちになるだけでなく、「もっと応援したいから人を紹介しよう」とか「良い情報を聞いたから、シェアしてあげよう」と思ってくれます。

なぜ、気の利いたことを言わなくても、人の話を聞くだけで良いコミュニケーションになるのかというと、多くの人は話すことが大好きだからです。

例えば、ハーバード大学の研究によると、「自分のことを話している時に感じる快感は、美味しいものを食べた時に感じる快感同じだ」という結果が出ています。

つまり、話すことで快感を得られるため、「話す」という行為をさせてくれる相手に対して好意的な感情を持ちやすい、ということです。

ただし、「聞くだけ」とはいえ、本当に「ただ聞くだけ」ではあまり意味がありません。

例えば、仏頂面で塩対応な人に話しかけても、そのうち飽きてしまいますが、名インタビュアーと話したら、楽しくて、いつまでも話せそうなイメージはありませんか？

それと同じで、「聞く」にも技術があるのです。ポイントは次の３点です。

- 相手への興味、好意
- リアクション
- 質問の引き出し

ひとつずつ見ていきましょう。

コツ１――相手への興味、好意を持ちながら聞く

これが最も大事です。

小手先のテクニックは色々とありますが、やはり会話の本質は相手への興味だと思います。

相手に全く興味がなければ、いくら小手先のテクニックを使ったところで、それがバレてしまいます。

一方で、相手への興味や好意があることで、「この人についてもっと知りたい」「この人

の○○という話をもっと深掘りしたい」という感情が湧いてきて、それが態度や質問などに変わってきます。

まず、人に会う機会があれば、会う前に「楽しみ、楽しみ」などと頭の中で唱えてから、場に向かうことをオススメします。これは、後ほどご紹介する「アファメーション（肯定的な自己暗示）」の一種です。

また、相手のことを知らない状態ですと、相手に興味を持つことはできません。会う前に、その人の名前でネット検索してみて、その人のＳＮＳやメディア記事、書籍などにさらっと目を通して、何をしている人なのかを知ることも重要です。

コツ２　リアクションで聞いていることを伝える

あなたが相手の話を聞いていますよ、ということを伝えるためにも、言語や非言語のリアクションが必要です。

これがあることで、相手は自分の話を聞いてもらえている、ということを認識できて、安心して話を続けられますし、会話としても盛り上がります。一方で、リアクションが全くないと、話し甲斐《がい》がないですし、話が盛り上がらなくなってしまいます。

例えば、あなたが病気になって病院に行った時、お医者さんがあなたの顔を見ないで、全くリアクションをしないで問診をされたら、あなたは不安な気持ちになったり、不快に思ったりしませんか。

一方で、お医者さんがあなたの目を見て相槌《あいづち》を打ってくれたり、「大変でしたね」と親身に対応してくれたら、良いお医者さんだったから、次もまた行こう、となると思います。

では、具体的にどのようにリアクションをするべきか、というと、言語と非言語に分けられます。

言語においては、相槌やオウム返しが有効です。

相槌であれば、次のような言葉の汎用性が高いです。

「そうなのですね！」

「すごいです！」

「さすがです！」

「ホントですか？」

「なるほど」

また、オウム返しとは、相手が使った言葉をあなたも言うということです。

………………………………

■例

Aさん「○○ということがあって、大変だったんだよ」
あなた「大変だったんですね」

Aさん「野球が好きなんですよね」
あなた「野球が好きなんですね！」

これを多用してしまうと、小手先のテクニックを使っていることがバレて、相手に不快な思いをさせてしまいますので、適度な頻度で使うのが良いです。

また、若干高度なテクニックになりますが、相手の話す内容を要約したオウム返しも有効です。

……

■例

Aさん「今日は目覚ましが鳴らないし、電車も遅延しちゃたんです‼（今日は朝から大変だった）」
あなた「朝から大変でしたね」
Aさん「最近、すごく寒くなってきて、もうアウターを出しちゃいました」
あなた「もう冬ですもんね」

非言語では、うなずいたり、オーバーぎみのリアクションをしたり、あとは笑顔で話を聞くのが有効です。

オーバーぎみのリアクションについては、例えば驚くような内容を相手が話していたら、オーバーぎみに「えっ⁉」というような反応をしたり、納得した時は「なるほど！」というジェスチャーをするなどです。

コツ３――事前準備で、質問の引き出しを増やす

少し事前準備をするだけで、だいぶ話が盛り上がることがあります。遠慮してガチガチ

になってしまって何も話せないよりは、遠慮せずに聞きたいことを質問した方が、良いコミュニケーションを図れると思います。

知識の多さが会話の幅につながりますので、会う人が分かっているのであれば、あらかじめ相手が興味関心のある話題を探してシミュレーションするのが有効です。

例えば、相手が野球選手の場合、知識がない場合はこのような会話になります。

…………

Aさん「僕は野球選手をやっています」
あなた「へー、そうなんですね！」

…………

一方で、野球は守備のポジションが色々とあったり、練習がハードだったり、高校で野球をやっている人は坊主頭にすることが多いという知識がある場合は、話の質が変わってくるはずです。

…………

Aさん「僕は野球選手をやっています」
あなた「野球選手なんですね！　ポジションはどこですか？」
Aさん「ピッチャーをやっています」

……………………………

あなた「ピッチャーとなると練習がハードって聞きます。高校時代はタイヤを使った練習とかもするんですか？」

Aさん「いや、さすがに今の時代はしないですよ！」

あなた「そうですか！　最近は時代が変わりましたよね！　昔は坊主頭の人しかいなかったみたいですが、最近は高校野球でも長髪の人が増えているみたいですね！」

パターン認識でコミュニケーションの壁を乗り越える

発達障害の方は、日々の生活をパターン化して過ごすことが多いと言われています。そのため、毎日同じ道で通勤したり、家を出る支度をするルーティンが決まっていて、それが崩れるとイライラしてしまうという人は少なくないのではないでしょうか。この特徴、強みをコミュニケーションにも活かすことで、コミュニケーション能力を高めることが極めてオススメです。

なぜならば、コミュニケーションとは、その状況下での模範解答を打ち返すだけの単純作業だからです。

過去の私もそうでしたが、例えば、お客様と初めて会った時、エレベーターで上司と二人きりになった時、給湯室で先輩と二人きりになった時、同僚たちと飲み会に行った時に、何を話せば良いのか分からず、あたふたしたり、気まずい思いをしたりしていました。

どうしてそうなってしまうか、というと、その状況で何を話すべきか分かっていないのが原因なのです。

ということは、その状況で何を話すべきか分かっていれば、気まずい思いをしなくても済んだとも言えます。

つまり、この状況ではこう振る舞う、このような話題になれば、こんなテンションでこんな話をする、というお決まりのパターンを作ってしまえば良いのです。

では、どうすれば、その状況で何を話すべきか知ることができるのか、見ていきます。

映画やドラマ、バラエティ番組、ラジオ、小説、漫画、アニメなどを参考にしたり、人間観察をして、実際の会話からパターンを読み取って活かすことがオススメです。

映画やドラマ、小説、漫画やアニメなどは、脚本を作る時に、大勢の会話のプロが理想とされる会話を作り上げていますので、そこで話される会話の内容や話し方などは参考にすることができます。

例えば、映画やドラマで主人公がエレベーターで上司と二人きりになったシーンや、同僚と飲みに行くシーンがありますが、そこでの話題は実際にも使えることが多いです。

もちろん、相手との関係性やＴＰＯによって状況は変わりますが、少なくとも会話のレパートリーを増やすことはできるはずです。

また、バラエティ番組やラジオなどは、会話のプロによる話術を知ることができる優良コンテンツです。

楽しげに話す時や、人を笑わせたい時に、どんなテンポ感で、どんな抑揚で話せば良いのかなどを研究できます。

同じ内容でも、笑いながら話すだけで、相手は誘われ笑いをしてくれたり、仰々しく間を開けることで緊張と緩和が生まれて、笑いにつながったりします。

お笑いではフリとオチが大事にされていますが、同じ話でも、どのような順番で話せば楽しく聞こえるかなど、大いに参考になるはずです。

アスペルガー症候群の人は表情を作るのが苦手と言われていますが、バラエティ番組を見ていると、単に笑顔で話すだけでも、楽しい話に聞こえる、ということが分かります。

同僚や友人が話していることを、そのまま実践してみるという方法もあります。

例えば、先に挙げた映画やドラマなどは、脚色されていますし、自分と前提が大いに違うことが多いですが、同僚や友人は自分と似ている状況だと思いますので、真似しやすいです。

同僚がエレベーターの中や給湯室で先輩と話している話題は、そのまま真似できると思いますし、飲み会の時に話していることも同様です。

例えば、給湯室で同僚と先輩が「最近、会社の近くでできたイタリアンが行列みたいですが、先輩も行きました？」みたいな話をしているのを聞いたのであれば、まさに同じ話を他の方にしても良いでしょう。


実際に、私はそのようにして、会話のレパートリーを増やすことで、場面ごとに最適な立ち振舞をできるようになり、いわゆるコミュニケーションが得意そうと周囲の人から言われるまでになりました。


しかし、まだパターン認識をできていない状況での会話は苦手です。

例えば、同業界の経営者での飲み会なら、共通の話題があり、今まで培ってきたパターン認識のおかげで、楽しく振る舞えますが、違う業界の経営者との話は非常に苦手です。

なぜならば、「業界の違う経営者と話す時、どのような話題をすると盛り上がるのか？」という場面ごとのパターン認識がないからです。

現時点では適応できていませんが、まずは勇気を持って、違う業界の経営者による飲み会に参加し続け、他の人達はどんなテンションで、どんな話題をしているか知り、自分なりの鉄板ネタやルーティンを確立すれば、適切に振る舞えるようになると考えています。

笑顔が全ての潤滑油。表情筋と舌の筋トレで笑顔・滑舌力アップ

人とのコミュニケーションをする時だけでなく、社会生活全般において、笑顔が大事ということは今さら言うまでもないでしょう。

レストランに行った時に、無表情で接客されるより、笑顔で接客された方が「良い接客だな」と感じやすいと思います。

おそらく、子どもの頃から「笑顔が大事」ということを、耳にタコができるくらい聞いていると思いますが、実際に笑顔になるということは難しくありませんか？

よくアスペルガー症候群の人は無表情の人が多いと言われていますが、私もアスペルガー症候群ですので、過去の私はいつも無表情で、笑顔が苦手でした。

しかし、ちょっとした工夫で笑顔を作れるようになりました。

少し意外かもしれませんが、笑顔になるために必要なことは、楽しかったり面白い気分

になったりすることではなく、発達した表情筋です。顔の筋肉が発達していないため、顔の表面を動かすことができず、笑顔を作れなかったり、ぎごちない笑顔になったりしてしまうのです。

そのため、笑顔が苦手な人がまず取り組むべきは、表情筋のトレーニングです。面白いことに、仮に笑顔を10秒間キープするだけでも顔の筋肉が疲れますし、連休などに誰にも会わず家でゲームばかりしていると、表情筋を使う機会がなく、数日間のブランクでも表情筋は衰えてしまいます。

では、どうやって表情筋を鍛えるか？というと、顔の筋肉を片っ端から動かしてみるのがオススメです。

例えば、大きく目を見開いてから、口角をギュッと上げたり、「いー」「うー」と言いながら口を大きく動かしたりなどです。

口角や目の脇、口周りの筋肉は笑顔を作る上で大事な筋肉ですので、これらを鍛えることで、笑顔を作りやすくなります。

また、過去の私がそうなのですが、滑舌が悪いからこそ、会話に対して苦手意識を持っている人も少なくないと思います。

私は子どもの頃から、滑舌が悪くて早口だと言われていて、人と話す時に、「えっ？」と聞き返されることが多かったです。どもってしまうことも多く、聞き返されることが嫌で、人と話すのに苦手意識や抵抗感を抱いていました。

そのような状況を解決してくれたのも筋トレ

具体的には、口周りの筋トレと、舌の筋トレと柔軟体操です。

「さ行」や「た行」を発音していただくと分かると思いますが、発音する時に舌を動かしています。

舌を動かす筋肉や柔軟性が不足していると、スムーズに聞き取りやすい音を発せなくなってしまい、一音一音をゆっくりと発音できないために、早口になってしまったり、滑舌が悪いと言われたりという事態になってしまいます。

そのため、表情筋のトレーニングだけでなく、舌の筋トレや柔軟体操を試していただきたいです。

舌の筋トレや柔軟体操としてオススメなのは、舌の先で上下の歯の外側をなぞるように動かす、舌を左右や上下に折り曲げるなどです。

滑舌のトレーニングとして「さ行」「ま行」「ら行」をゆっくり口を大きく動かして発音するのも有効です。これらはきちんと口を動かさなければ発音しにくいからです。

実際に、私が加入している合唱団の発声練習では、「まみむめもまみむめも〜」と1分くらい歌うことで、口周りをほぐしてから、歌の練習に入っています。

また、これらのトレーニングをした上で、早口言葉をあえてゆっくり話すこともトレーニングになります。

早口言葉は言いにくい言葉の羅列ですので、ゆっくり話すのも意外と大変です。

私は中学生の頃に『奥の細道』の序文を暗記させられて、今でも覚えていますので、舌が動かなくなってきたなと思った時は、舌の筋トレと柔軟体操をやった上で、『奥の細道』をゆっくりと、聞きやすいように暗誦《あんしょう》するようにしています。

最強なドーピングとしてのアファメーション

アファメーションという言葉を耳にしたことはありますか?

「アファメーション」という言葉をネットで調べると「肯定的な自己暗示」という単語が出てきて、少し怪しく感じるかもしれませんが、これは極めて効果がありますので、オススメです。

肯定的な言葉を自分に言い聞かせることで、自己暗示をかけてパフォーマンスを発揮することをアファメーションと呼びます。

ボクシングの映画などで、試合前に鏡に向かって「お前は強い。お前は強い」と自分に言い聞かせているシーンや、スポーツ選手などが本番前に「俺ならできる!」と言っているシーンなどを見たことあると思いますが、これがアファメーションです。

会話が得意でない方は、苦手意識や失敗体験があるため、人と会う前に弱気になってしまうことが多いと思います。

過去の私も人と会うことに対して恐怖を感じていて、人と会う前は「会いたくないいな」「またみじめな思いをするのかな」と思うことが多かったです。

そのようなネガティブな感情を持った状況で人と会っても、話が弾んで楽しい時間を過ごすのは難しいですが、ニコニコと陽気な精神状態で人と会うことで、人と楽しく過ごせる可能性が高まるはずです。

ですから、**会話に苦手意識を持っている人こそ、人と会う前の移動中などで、「自分ならできる」「楽しい！」「楽しみ！」などというポジティブな言葉を口ずさむか、頭の中で繰り返し言い続けるのがオススメです。**

「言霊」という言葉がありますが、このようにポジティブな単語を口にして、それを耳で聞くことで、自己暗示にかかり、ポジティブな気持ちになることができます。

このようにしてポジティブな気持ちになることで、人と会った時のパフォーマンスを高めることができます。

この他にも、アファメーションと似たようなことで、身体の行動が気分へ影響する、ということがあります。

例えば、下を見ながらとぼとぼと歩いた時は、少し暗い気分になってしまいますが、胸を大いに開いて堂々と歩くことで、たとえ暗い気分だったとしても、だんだんと堂々とした気分になってきます。

また、弱気になっていたり、ネガティブな感情になっている時は、猫背になっていたり、下を向いていたり、表情がこわばっていたり、眉間にシワがあったりと、何かしら身体に感情が現れているケースが多いです。

そんな時は、逆の行動をすることで、感情もそれに引っ張られてきます。つまり、猫背を伸ばしたり、上を向いたり、表情筋を動かしたり、眉間のシワを緩めたりといった振る舞いをすることで、ポジティブな感情を引き出しやすくなります。

実際に、胸を張って堂々と振る舞った時と、弱々しい姿勢で試験を行って、パフォーマンスの比較をしたら、有意な差があったという研究結果も出ています。

そのため、人と会う前に胸を張って、ゆったり堂々と歩いて、笑顔で自信がみなぎった表情をして、深く呼吸することで、人と会った時のパフォーマンスは驚くほど良くなっているはずです。

最後に手っ取り早く会話のパフォーマンスを一時的に高めてくれる方法を紹介します。

それはエナジードリンクを飲むことです。

エナジードリンクにはカフェインが入っていますので、それを飲んだ直後は頭の回転が速くなり、テンションが上がるため、会話のパフォーマンスを手っ取り早く高めることができます。

実際に、私がセミナーなど絶対に失敗したくない時は、アファメーションなどをして気分を高めた上で、予備としてエナジードリンクを持っていくことが多いです。

最終手段なので、よほどのことがない限り飲まないですが、どうしてもテンションが高まらなくて心配、という時はエナジードリンクを飲むことで、ハイパフォーマンスを発揮しています。

しかし、エナジードリンクはテンションの前借りです。

一時的に会話のパフォーマンスを高めてくれますが、ある時間を過ぎると、逆にパフォーマンスが著しく落ちますので、エナジードリンクを飲むタイミングは気をつけた方が良いです。

私は１・５時間くらいしか効果が持たないので、それ以上の長丁場の時は摂取しないですし、お腹が膨れてしまうため、会食の前も摂取しないようにしています。

コミュニケーション能力と睡眠時間との関係

コミュニケーション能力を高めるという観点で、意外と見落としがちなのが、睡眠や食事です。

発達障害を抱えて産まれて、先天的にコミュニケーション能力が高くない人は、これまで述べてきたような後天的な努力でなんとかする必要があります。そして、何も考えずに良い立ち振舞をできるわけではないのであれば、色々と頭を使って会話を進めた方が良いです。

頭を使って工夫した上で人との会話を頑張るのであれば、脳のパフォーマンスが大事になってきます。つまり、脳のパフォーマンスが最大であれば、頭を使って人と色々なコミュニケーションを図れますが、一方で脳のパフォーマンスが著しく落ちているのであれば、頭を使って人とコミュニケーションを図るのが難しくなってしまいます。

ですので、できる限り工夫して、脳のパフォーマンスを高い状態にし続けた方が良いです。

個人差がありますが、十分な睡眠時間を確保できていないと、脳のパフォーマンスが大いに落ちてしまいます。

実際に、６時間睡眠を２週間続けた時のパフォーマンスは、２日間連続で徹夜をした時や、日本酒を１〜２合も飲んで酔っ払った状態と同じという研究もあります。６時間睡眠でも長く続いたらパフォーマンスが大いに落ちてしまうということは驚きです。

睡眠と関連して、発達障害の方は、食後に強烈な眠気が来てしまうケースが多いと聞いています。

眠くて頭が働いていない状況で人と会っても、会話が弾むわけがありません。

これも個人差がありますが、十分な睡眠を取りつつ、お昼ご飯は炭水化物を控えめにして、食後にコーヒーなどを飲みカフェインを摂取したり、短時間の昼寝をしたりすることも重要です。

そして、当たり前ですが、脳が働く上で糖分やその他のエネルギーが必要ですので、これらを適切に摂取する食事も重要です。

私の場合、朝食で炭水化物を摂取しないと午前中は頭が働かなくなり、疲れた時に甘いものを食べると一気に頭の回転速度が速くなる、という実体験があります。

そのため、私は朝ご飯にパンやご飯など炭水化物を必ず食べて、何かハードな頭脳労働や肉体労働をして疲れて頭が回らなくなった時は、コンビニのシュークリームを食べることで、常に高いパフォーマンスを発揮できるようにしています。

コミュニケーション能力を高める、会話のパフォーマンスを最大化するという観点で意外と見落としがちですが、睡眠や食事にも気を遣い、ベストなパフォーマンスを発揮していただきたいです。そうすることで、会話はもちろん、仕事のパフォーマンスも高まるはずです。

ミスを避けて、信用と評価を上げる方法

コミュニケーションの出来不出来に限った話ではありませんが、ビジネスにおいては、基本的にミスが許される状況は少なく、信用や評価を高めるという観点で考えると、できる限りミスをしない方が良いでしょう。

しかし、私と同じようにＡＤＨＤの方は、注意力が散漫になりやすく、どうしてもミスや忘れ物をしてしまうことが多いと思います。

そこで、本章の最後に、発達障害流生存戦略の締めくくりとして、できる限りミスを避けるために私が実践して効果があったことをご紹介します。

ただし、あくまでも発達障害の特徴は人それぞれで、対処法も人によって向き不向きがありますので、これらを参考にしていただき、あなたにとって一番良い対処法を見つけてください。

方法1 「ミスや忘れ物が多い」と自覚する

まず、テクニックの紹介に入る前に、心構えとして、「自分はミスや忘れ物が多い人間」ということを自覚することが極めて大事だと考えています。

その自覚があることで、「自分はミスしがちだから、ミスをしないように対策するか、リカバリー案を作っておこう」という思いが湧いてくるからです。

方法2 ミスをしがちな状況を把握する

自分がミスをしがちな状況を把握することも、ミスを防ぐためには必要です。

例えば、私は睡眠不足になってしまうと、脳の処理スピードが大いに遅くなってしまい、さらに注意力が散漫になってしまいますので、睡眠不足の時は、普段以上にミスをしやすいです。

また、急いでいる時も確認がおろそかになりがちですので、ミスが残ったままになることが多いです。

方法３―トリプルチェックし、時間を置く

単純に、確認回数を増やそう、という試みです。

確認回数を増やすことで、自分のミスに気がつく確率を高められます。

しかし、「自分は間違えていないはずだ」という先入観から、何度も確認しているにもかかわらずミスに気づかない可能性がありますので、物によっては時間を置いて確認する、ということも有効です。


例えば、メールやメッセージの誤字脱字チェックに関して、できる限り早く返信した方が良いですので、３回くらい確認するのが良いでしょう。

実際に、私は誤字脱字が極めて多い人間ですので、トリプルチェックのおかげで相手から信頼を損なわずに助かった経験は数え切れないほどあります。

急がないことに関しては、一晩寝かせてみることも有効です。

例えば、私は自分が撮影してレタッチした写真や、書いた文章は数時間もしくは一晩置くようにしています。

写真をレタッチした後や、文章を書いた直後は視野が狭くなってしまっていますが、時間を空けることでフラットな視線で写真や文章を確認することができます。その結果、直後では気づかなかった改善点や、より良くする方法が思いつくことが多いです。

方法４　チェックリストで、指差し確認

これも初歩的な対処法ですが、やはり効果も絶大です。

忘れがちなものはチェックリストを作って、指差し確認をするのが良いでしょう。

例えば、撮影に持参する機材類は、チェックリストを作り、前日のうちに必要な機材を全てカバンにしまえているか１個１個、指を指しながら確認するなどです。

「メインカメラのバッテリー」「サブカメラのバッテリー」「メインカメラのＳＤカード」「撮影に必要な小道具Ａ」みたいなイメージです。

これらは、実際に私がやっていることです。

プロとして「カメラを忘れたので、撮影できません」という事態になるのを防ぐ必要が

ありますので、この確認をやるようにしてからは、忘れ物をすることがなくなりました。

また、出張時にひげ剃《そ》りなどを忘れてしまうことがありますので、出張前もチェックリストを作り指差し確認をしています。

方法５―予備を持つ

忘れ物をしない対策も大事ですが、一方で忘れ物をした時の対策も有効です。

例えば、忘れ物をしても問題ないよう、予備の物を持つということです。

私は持参する必要がある機材類が多く、その中でも入れ忘れが発生しがちなカメラのバッテリー類は、普段使うものの他に予備をいくつもカバンに忍ばせています。他にも、財布を忘れる可能性がありますので、５０００円札を他の場所に入れています。

細かい話になりますが、予備を持っていたとしても、予備を入れたカバンを忘れてしまう、というケースがありますので、複数の場所に分散させて入れたり、絶対に忘れない場所に保管したりするのが良いです。

エピローグ

この世の中は役割分担で回っている

発達障害の人が社会で働くことは、色々と苦労が多いと思います。

私自身も発達障害ですし、発達障害だからこそ会社での仕事に馴染めず、最終的にクビみたいな形で2度も会社を辞めています。

ですから、発達障害の人が抱える辛さ、悩み、苦しみは分かっているつもりです。

会社勤めをしていた時は、怒られてばかりで、自分の存在意義が全く分からず、発達障害を抱えた自分は社会のお荷物なのだと、毎日のように涙目になりながら駅から自宅までの道を歩いていました。

しかし、今になって振り返ってみると、世の中は役割分担で回っているのです。

発達障害の人は、現代の会社勤めという働き方には、ちょっと向いていないことが多いだけで、例えば原始時代には、色々なことに注意が向く発達障害の人がいたからこそ、人に危害を加える存在の侵入に気がついて生きながらえたり、発達障害の人特有の少し変わった発想力があったからこそ、イノベーションが生まれたりしたのかもしれません。

現代においても、発達障害だからこそ、活躍できることはたくさんあると思います。

実際に、私は「集客力が伸びる写真を撮ってくれる」という評判をいただいていますが、それはアスペルガー症候群特有の強いこだわりや過集中という長所があるから実現できています。

そして、今は写真撮影だけでなく、カメラマンであることを基盤に色々な事業を展開し、それらでお客様に価値を提供していますが、こうやって手広く事業を展開してお客様に貢献できているのもＡＤＨＤだからこそだと思います。


会社という組織は大きな目標を達成するために分業することが求められていて、今あなたが求められている役割は、もしかすると、あなたに合っていないかもしれません。しかし、だからといって、あなたに能力がないのではなく、今の仕事が単純にあなたの強みにマッチしていないだけです。

つまるところ、人は誰しも何かしら得意なこと、強みを持っているはずで、その力を存分に発揮できる役割や環境を手に入れることが何より重要なのだと思います。

本書は、会社員を辞め、クライアントワークに励んだことで、発達障害ならではの強みや才能を活かすことができたという私の実体験を元に、発達障害を抱える多くの方が将来に対して希望を持ち、ポジティブに幸せに暮らせる一助になればという思いで書きました。本書に書かれている内容が、発達障害を抱える方や、発達障害の方と関わりのある方々の参考や希望になりえているようならば、これ以上の喜びはありません。


本書を執筆するにあたり、編集者の喜多豊さんには大変お世話になりました。

私の今までの人生、発達障害に悩み苦しんでいた時期が長かったため、発達障害というテーマに対して思い入れが極めて強く、理想と現実との狭間で筆が進まなくなり、ご迷惑をおかけすることが多かったと思いますが、いつも親切に文章面だけでなく精神的にもサポートしていただけたおかげで、文章を書き上げることができました。

また、今回の出版の縁をいただけたのも、ネクストサービス株式会社代表取締役の松尾昭仁さんのお力によるところが大きいです。

他にも挙げたらキリがありませんが、いつも私のことを応援して気にかけてくださるお客様や友人、同業界の皆様、発達障害で何もできなかった私を根気よく育ててくださった上司の皆様、諸先輩の皆様、いつも精神的な安らぎやリフレッシュの機会をくださる友人の皆様や家族、そして本書の制作に関わってくださった皆様に心より感謝いたします。いつも、本当にありがとうございます。

本書が、過去の私のように、発達障害であることが理由で悩んだり苦しんだりしている方の救いや希望になれればと願いつつ、筆を置かせていただきます。

■著者略歴

坂口康司（さかぐち・こうじ）

株式会社トータルクリエイツ代表取締役、株式会社ネクストクリエイツ代表取締役。法政大学経済学部を卒業後、東証プライム上場のＩＴベンチャーに就職するも適応できず、鬱のような状態に。精神科を受診したことで初めて、自分に発達障害があることを知る。入社後２年ほどで退社することになり、発達障害に向いていると言われるカメラマンとして生きることを決意。知人が起業した会社でカメラマンとして働き始めるが、約２年で再び退社することに。会社員には向いていないと痛感し、今後は「ひとり社長（個人事業主）」として生きる決意を固める。写真の見栄えが売上を左右する業界（レンタルスペース、宿泊施設など）の写真撮影に特化することに活路を見出し、２年半ほどで月収１００万円を達成。現在は複数の会社を立ち上げ、民泊事業なども展開している。著書に『レンタルスペース投資の教科書』『カメラマンになっていきなり月収を１００万円にする方法』（ともに自由国民社）がある。

会社員《かいしゃいん》を2度《ど》クビになった発達障害《はったつしょうがい》の僕《ぼく》が、
月《つき》100万円《まんえん》を稼《かせ》げるようになった方法《ほうほう》

2025年3月30日　第１刷発行

著　者　坂口康司
発行者　宇都宮健太朗
発行所　朝日新聞出版
〒104-8011 東京都中央区築地5-3-2
電　話　03-5541-8814（編集）
03-5540-7793（販売）
印刷所　大日本印刷株式会社

Published in Japan by Asahi Shimbun Publications Inc.
ISBN978-4-02-332396-4
定価はカバーに表示してあります。